D1750848

Walther Reyer ◊ Es fügte sich so …

Walther Reyer
Es fügte sich so ...

Erinnerungen und Betrachtungen

*Aufgezeichnet von Hanne Egghardt
unter Mitarbeit von Angela Reyer*

Deuticke

Danksagung

Hanne Egghardt, Angela Reyer und der Verlag danken folgenden Personen für ihre engagierte Mithilfe am Zustandekommen dieses Buches:

Friedrich Amon, Kammerschauspieler Erich Auer, Gretl Elb, Gernot Friedel, Kammerschauspieler Prof. Kurt Heintel, Kammerschauspielerin Judith Holzmeister, Kammerschauspielerin Prof. Inge Konradi, Harald Krassnitzer, Veronika Manchot, Elfriede Ott, Regina Paril, Agnes Rehling, Erika Remberg, Claudia Reyer, Claudia-Maria Reyer, Clemens Reyer, Cordula Reyer, Cristina Reyer, Wolfgang Reyer, Aglaja Schmid-Steinboeck, Dr. Inge Schoeller, Friedrich W. Schwardtmann, Ellen Schwiers, Nadja Tiller, Senta Wengraf, Gusti Wolf

Inhalt

Vorwort	7
Angela Reyer: »Ich habe durch Walther sehen gelernt.«	9
Überlebt und neu geboren – der Flugzeugabsturz	23
Kindheit in Tirol	29
Mit dem Kopf in den Wolken	37
Sitzen, spinnen, trinken – Anfänge am Theater	45
Schauspielerin Erika Remberg: »Ein Orkan erfaßte mich und Walther. Ich war erst sechzehn.«	51
Mit einem Schlag in den Himmel gehoben – Graz	57
Schauspielerin Gretl Elb: »Ich verliebte mich in die Nervensäge. Wir heirateten.«	63
Spielen, spielen, spielen – Pendler zwischen Josefstadt und Burgtheater	69
Garderober Friedrich Amon: »Amoniak, schnell, hilf mir umziehen!«	103
Jedermann am Salzburger Domplatz	107
Schauspielerin Ellen Schwiers: »Er war für mich der menschlichste aller Kollegen.«	113
Schauspielerin Nadja Tiller: »Walther nannte mich seine sinnlichste Buhlschaft.«	116
Schauspieler Kurt Heintel: »Ich war Walther Reyers Tod.«	119

Inhalt

Der letzte klassische Held – Höhen und Tiefen 123
   Walther Reyers Stimme verstummt 123

Schauspielerin Inge Konradi: »Ich war Walthers Kumpel. 145
   Fünfundvierzig Jahre lang«

Regisseur Gernot Friedel: »Ich war die siebzehnjährige Maria 149
   im Hotel Maria Theresia, Zimmer 117.«

Ausflüge ins Unterhaltsame – Filme 155

Schauspieler Harald Krassnitzer: »Wir hatten eine stille 169
   Übereinkunft über das Wesentliche.«

Agenturchefin Agnes Rehling: »Uns verbindet eine 173
   Hundefreundschaft!«

Die Karriere, ein Mensch zu werden – Familie 179
   Claudia-Maria Reyer: »Wir waren eine innige, 186
     immer neugierige und heitere Einheit.«
   Cordula Reyer: »Ich war Papas Vorzeigekind.« 193
   Cristina Reyer: »Ich war Papas Verbündete.« 196
   Clemens Reyer: »Ich war Papas männliche Unterstützung im Haus.« 200
   Veronika Manchot: »Wann immer ich in den Bergen bin, 202
     denke ich an meinen Vater.«
   Wolfgang Reyer: »Nähe und Distanz« 204

Schauspieler Friedrich W. Schwardtmann: »Ich möchte meinen 207
   60. Geburtstag bei dir feiern.«

Schauspieler Erich Auer: Rede am Grab Walther Reyers 213

Anhang
   Premieren am Burgtheater 223
   Premieren am Theater in der Josefstadt 233
   Filmographie 237
   Auszeichnungen 244
   Bildnachweis 245

Vorwort

Wahrscheinlich zähle ich zu den wenigen Menschen dieser Erde, die mehrmals geboren wurden. Dreimal war ich dem Tod ganz nah, und dreimal kehrte ich ins Leben zurück: als Kind, als ich in Innsbruck vom Balkon des Elternhauses sechs Meter in die Tiefe stürzte, als junger Mann, als ich in Wien eine Flugzeugkatastrophe überlebte, und jetzt, als ich bei Proben in Perchtoldsdorf noch einmal auf den Kopf fiel.

Die Engel, die in der stürmischen Christnacht des Jahres 1958 beim Landeanflug auf den Flughafen Wien-Schwechat in der Unglücksmaschine mitgeflogen sein müssen, begnügten sich nicht damit, die Tür des brennenden Wracks aufzustoßen, um mich und die anderen Passagiere dem Tod zu entreißen. Indem sie mich dreimal überleben ließen, schenkten sie mir ein Leben, das dreimal so intensiv und reich an wunderbaren Augenblicken verlief wie so manches andere.

Und nicht genug damit, statteten sie mich auch mit zwei Gaben aus, die für mich zu den wichtigsten von allen zählen: mit der Urkraft eines starken, bejahenden Lebenswillens und mit der Gnade, die großzügigen Geschenke, die mir das Leben gemacht hat, auch als solche zu erkennen.

Es fügte sich so ...

»So ist es also, wenn du stirbst«, war mein erster Gedanke in dem qualmenden Flugzeugwrack. Minuten später war mir aber bereits klar, daß ich zukünftig natürlich noch in vielen Flugzeugen Platz nehmen würde. Einer, der so in Gottes Hand ist wie ich, braucht sich nicht zu fürchten.

So konnte ich die Wellen der Bewunderung, Liebe und Begeisterung, die mir auf vielen großartigen Theaterbühnen entgegenbrandeten, glücklich empfangen. Ich konnte verhindern, daß sie mir zu Kopf stiegen wie der Innsbrucker Föhn, und alle Ehrungen in Dankbarkeit annehmen. In großer, demütiger Dankbarkeit.

In diesem Sinne möchte ich hier erzählen. Aus meinem Leben, auf das mir jetzt, in der Rückschau, ein Zitat aus Arthur Schnitzlers »Weitem Land« so gut zu passen scheint: »Es fügte sich so ...«

Angela Reyer:
»Ich habe durch Walther sehen gelernt.«

Ich war eine unabhängige Frau von über dreißig, als ich an einem naßkalten Februartag des Jahres 1986 in einem Hotel bei Hamburg in einen Lift stieg, um von der dritten Etage ins Erdgeschoß zu fahren. Wäre nicht Sekunden zuvor in der darüberliegenden Etage ein Schauspieler namens Walther Reyer in denselben Lift gestiegen, wäre ich auch heute noch diese unabhängige Frau. Aber dann hätte ich auch nie erfahren, in welch atemberaubende Höhen und Tiefen das Leben und die Liebe einen Menschen führen können.

Zu dieser Zeit leitete ich in Berlin ein Tourneetheater, und ich liebte meinen Beruf, arbeitete oft bis zu sechzehn Stunden täglich. Ans Heiraten dachte ich nicht im entferntesten. Es gab wohl hin und wieder Freunde, aber im Prinzip war ich frei und wußte meine Freiheit zu schätzen. Die wenigen Stunden, die ich nicht arbeitete, verbrachte ich im Theater oder in der Oper und am liebsten auf meinem Hannoveranerpferd Tristan.

Walther Reyer hatte sich verpflichtet, bei uns den Faust zu spielen, mit Nikolaus Paryla als Mephisto. Ich hatte mit ihm mehrmals telefoniert, kannte seine Stimme, wußte um ihn, hatte ihn aber persönlich noch nie gesehen. Nach Hamburg war ich gekommen, um die letzten Proben und dann die Premiere zu sehen.

Es fügte sich so ...

Daß sich mein Leben dadurch von Grund auf ändern würde, konnte ich nicht ahnen.

Als die Lifttüre aufging, stand Walther Reyer in der Ecke der Fahrstuhlkabine. Er hielt die eine Hand an der Hosennaht, die andere hatte er leger an den Griff gelehnt. Das Licht kam von oben, es ließ ihn irgendwie strahlen. Noch beim Einsteigen spürte ich, daß irgend etwas ganz Merkwürdiges mit mir vorging. Ich brachte noch ein höfliches »Guten Tag« heraus, aber als der Lift im Erdgeschoß hielt, raste mein Herz, und ich stieg mit weichen Knien aus.

Auf einer der letzten Proben verletzte sich Walther Reyer, er brach sich eine Zehe. Ich organisierte einen Rettungswagen und fuhr dann mit ihm ins Krankenhaus. Im Gang führten wir die ersten Gespräche. Über nichts Besonderes, aber ich fühlte mich wie verzaubert. Dann kam die Premiere. Es war eine gute Premiere. Und nach der Feier saßen wir in der Hotelbar. Wir unterhielten uns über Gott und die Welt, über Landschaften, Bilder und vor allem Musik. Alles war wie nie dagewesen. Die Aura, die Luft, das Licht. Als wir spätnachts ziemlich beschwipst jeder in sein Zimmer hinauffuhren, war uns beiden klar, daß dies ein ganz besonderer Abend gewesen war. Am nächsten Morgen rief ich unseren Produktionsleiter an und sagte: »Ich heirate den Walther Reyer!«

Als ich wenige Tage später zurück nach Berlin fuhr, hatte ich das sichere Gefühl, daß jetzt alles in meinem Leben anders werden würde. Es war ein tiefes Einatmen und Luftholen, so ein brennendes Gefühl. Die folgenden Wochen und Monate waren geprägt von hohen Telefonrechnungen und Unsummen, die wir für Flugtickets ausgaben. Um die wirklich horrenden Ausgaben zu senken, beschloß ich, weiter südlich zu ziehen. Mein Verstand

Angela Reyer

sagte mir, Wien – Berlin, das ist ein Wahnsinn, München – Wien, das ist in viereinhalb Stunden Zugfahrt zu schaffen. Also bewarb ich mich beim Staatsschauspiel München.

Als ich nach München übersiedelte, spielte Walther in Telfs in Tirol die Rolle des Krutz in Karl Schönherrs Stück »Erde«. In dieser Zeit meinte es die Geographie gut mit uns, wir konnten jede freie Minute zusammen verbringen. Ich war nur im Auto, und er war nur in der Bahn. Einmal stand er mit einem Strauß weißer Lilien vor meiner Tür, dann wartete ich in seinem Hotelzimmer in Tirol. Es war alles wie ein Rausch. Mein Pferd übersiedelte natürlich auch mit nach Bayern, und ich fand einen sehr schönen Stall am Starnberger See. Dorthin fuhren wir immer gemeinsam, sobald es unsere Zeit erlaubte. Walther liebte den Stallgeruch, die Art, mit einem Pferd richtig umzugehen, es zu striegeln, die Hufe zu pflegen; er liebte es auch, sich im Sattel des Pferdes zu bewegen. Tristan und Walther schlossen Freundschaft, und die Fahrt zu meinem Pferd wurde immer eine Art Familienausflug. Anschließend genossen wir den Besuch in einem der vielen bayrischen Biergärten. Wir waren glücklich, und jeder Winkel Bayerns wurde besucht, all die vielen Schlösser, Klöster und Kirchen, in die Walther immer ging, um schöne alte Dinge zu entdecken, Kerzen anzuzünden und einen Moment der Konzentration zu finden.

Doch die Probleme ließen nicht lange auf sich warten. Ich war in München in leitender Position beim Theater tätig, ich hatte eine Menge Verantwortung zu tragen, und oft, wie schon zuvor in Berlin, arbeitete ich bis zu sechzehn Stunden täglich. Es kam nicht nur einmal vor, daß Walther nach München kam und allein in meiner Wohnung saß. So konnte es auch nicht weitergehen. Eine Entscheidung mußte getroffen werden.

Es fügte sich so ...

    Meinen Beruf und meine Selbständigkeit aufzugeben, fiel mir bei Gott nicht leicht. Ich war in einer zerrütteten Ehe aufgewachsen und hatte miterlebt, wie schlimm es ist, wenn eine Beziehung in die Brüche geht. Ich hatte daher niemals vorgehabt zu heiraten. Aber dann kam Walther, und alles war ganz anders.

    Anfangs versuchte ich ihn in meinen Gesellschaftskreis einzuführen, ihn in mein Leben zu integrieren, aber das erwies sich als völlig unmöglich, er wollte nur mit mir sein, mit mir ganz allein. Daß ich auch mein gesamtes Umfeld aufgeben müßte, wenn ich mit ihm glücklich sein wollte, war für mich schwer zu begreifen. Aber dann, nach langem Überlegen und Abwägen, war ich zu allem bereit, um diese Verbindung zu leben. Er brauchte mich ganz allein, und er sollte mich bekommen.

    Vielleicht habe ich mir damals gedacht, wer weiß, wie lange unsere Gemeinsamkeit dauern wird, denn für alles gibt es eine Zeit, und jedes Vorhaben hat unterm Himmel eine Stunde.

    Tatsächlich habe ich mit ihm ein stark komprimiertes Leben geführt. Ein überreiches Leben voll Farbe, voll Genuß, voll Kultur in jeglicher Hinsicht. Ob es eine Kirche war, ein Baum, ein besonderes Haus oder ein Wolkenzug am Himmel, er hat mich auf Besonderheiten hingewiesen: »Angela, schau!«

    Ich habe durch Walther sehen gelernt. Und erst durch ihn habe ich erkannt, wie blind ich zuvor durchs Leben gegangen war, ständig gehetzt von irgend etwas, immer mit dem Blick auf die Uhr. Der endgültige Entschluß, meinen Beruf aufzugeben und mit Walther zu leben, fiel, als er das Angebot bekam, auf Kauwaii, einer hawaiianischen Insel, die TV-Serie »Insel der Träume« zu drehen. Ich kündigte beim Staatsschauspiel München und flog ihm nach Kauwaii nach. Es war ein unendlich schöner Traum, in diesen

Angela Reyer

WALTHER REYER MIT ANGELA UND SEINER TOCHTER CORDULA

Düften und Farben zu leben, mit diesem unglaublichen Horizont und dem warmen, türkisfarbenen, herrlichen Pazifik mit seinen meterhohen Wellen, auf denen sich die Wellenreiter tummelten. Wir glaubten uns im Paradies.

    Walther mußte sehr hart arbeiten, oft bis zu achtzehn Stunden täglich bei brütender Hitze. Die drehfreie gemeinsame Zeit genossen wir so sehr, daß wir sogar daran dachten, an einem dieser herrlichen Strände allein, nur mit einem Priester, zu heiraten. Das gelang leider nicht, da uns verschiedene Papiere fehlten. Auf Kauwaii lernte ich Walthers Tochter Cordula kennen, die für ein paar Tage von Los Angeles gekommen war, um ihren Vater zu sehen und natürlich auch mich endlich kennenzulernen; bis dahin war ich Walthers sorgsam gehütetes Geheimnis. Cordula und ich mochten uns sofort, und wir haben viele schöne gemeinsame Stunden verbracht. Von einem Helikopterflug über die Inseln kamen wir vor Übelkeit ganz grün im Gesicht zurück, darüber mußten wir später noch oft lachen.

Am Morgen des Abschieds von der Insel war der Himmel ganz besonders schön, alles war in Rosa und Violett getaucht, alle Düfte der Insel umgaben uns, und mit Tränen in den Augen, aber glücklich, flogen wir nach Los Angeles zu Erika Remberg, Walthers erster Frau, die uns in ihrem wunderschönen Haus erwartete. Im Mietauto fuhren wir dann durch die Wüste nach Las Vegas. Wir wohnten im Hotel »Mirage«, berühmt durch die weißen Tiger der erfolgreichen österreichischen Dompteure Siegfried & Roy. Für den nächsten Tag wurde ein weißer Cadillac bestellt, der uns zum Standesamt bringen sollte. Als dann ein schwarzer Wagen geliefert wurde, schickten wir ihn enttäuscht zurück. Spät in der Nacht kam endlich der ersehnte weiße Cadillac, und wir schafften es noch, am 21.7.1991 kurz vor Mitternacht zu heiraten.

Dieses Datum war Walther ganz besonders wichtig, denn die Sieben war seine heilige Zahl. Wir konnten nun das nachholen, was uns auf Kauwaii nicht möglich gewesen war, uns völlig unkompliziert und innerhalb von zehn Minuten das Jawort zu geben.

Zurück bei den weißen Tigern im »Mirage« feierten wir bei Champagner und Kaviar. Am nächsten Tag flogen wir mit einem Helikopter über den Canyon. Unsere Hochzeitsreise hätte dabei beinahe tragisch geendet: Während des Fluges ging die Tür des Helikopters auf Walthers Seite auf und ließ sich nicht mehr schließen. Ich dachte noch, das ist denn doch zu früh, um Witwe zu werden, aber dann konnte der Hubschrauber auf einem Fels-

ANGELA UND WALTHER REYER MIT HAFLINGER NEPOMUK

plateau mitten im Canyon notlanden. Wir sahen uns an und dachten: Wenn das nur nicht so weitergeht in unserer Ehe! Unser Hochzeitstag war wie nicht von dieser Welt – hoch über diesen überwältigenden Schluchten und Felsen mit mannshohen Kakteen. Mit Walther, einem Menschen, der eindrucksvolle Landschaften über alles liebte.

Als Ehepaar kehrten wir nach einigen Tagen nach Los Angeles zurück, wieder zu Erika Remberg, und fuhren dann mit einem Auto den Highway Nr. 1 hinauf nach San Francisco. Von dort flogen wir zurück nach Europa, nach München. Hier wartete bereits Walthers Hochzeitsgeschenk auf uns. Schon lange vorher war ich auf der Suche nach einem besonders schönen Haflinger für Walther gewesen. So ein blondes Pferd hatte er sich sehnlichst gewünscht. In einer Herde von Junghengsten war ich dann schließlich fündig geworden, und es war für Walther ein großes Glück, einen schönen blonden Haflinger in Empfang zu nehmen, den er später Nepomuk nannte. Er liebte sein Pferd über alles, und es war rührend, wie er sich um ihn sorgte, ihn pflegte und mit ihm sprach. Er unternahm lange Spaziergänge mit Nepomuk am Führstrick und sicher vielen langen »Gesprächen«. Das führte dann soweit, daß ihm sein Haflinger auf Stimme von der Koppel entgegenlief und wie ein Zirkuspferd neben ihm herging.

Die nächste Frage war, wo wir leben sollten, ich und ein Tiroler, der in Wien ansässig war und nun einen Haflinger besaß? Wir entschieden uns für Tirol. Sicher war es für Walther das Beste, für eine gewisse Zeit wieder zu seinen Wurzeln zurückzukehren. Er bekam das Angebot, im »Bergdoktor« die Rolle des Tierarztes Pankraz zu übernehmen. Obwohl er sich geschworen hatte, in keiner Serie mehr mitzuwirken, war das natürlich sehr verlockend; denn wann hat man das schon als Schauspieler, zwanzig Minuten vom Drehort in noch dazu einer schönen Landschaft zu wohnen? Wieder verbanden wir das Nützliche mit dem Abenteuer und fuhren, sooft es nur ging, über den Brenner in sein geliebtes Südtirol. Wir waren ständig unterwegs, und ich habe Tirol und vor allem Südtirol besser kennengelernt als meine eigene Heimat. Wir ließen keinen Winkel aus, sahen uns jedes Tal an, wir entdeckten herrliche Gebirgsseen, unternahmen wunderschöne Wanderungen entlang an eiskalten Gebirgsbächen, in die Walther immer seine Arme und Beine tauchte. Wo immer wir auch hinkamen, Walther sprach mit den Menschen, wir verkosteten die regionale Küche, genossen und atmeten.

Mein Leben mit Walther war immer sehr voll. Es bewegte sich in Extremen. Entweder mit Fahrenheit gekocht oder on the rocks. Das war oft sehr anstrengend, entweder oben auf dem Berg oder dann plötzlich wieder im Tal zu sein, aber das machte mich, glaube ich, sehr stark. Ich habe immer gewußt, es ist schwer, aber auch wunderschön zugleich, in jedem Fall war es Leben, Leben pur. Ich hatte einen klugen, anschmiegsamen, aber auch impulsiven und oft sehr verletzenden Menschen an meiner Seite, der mir viel Geborgenheit gab und dessen Zuneigung ich jeden Tag zu spüren bekam. Wir lebten sehr zurückgezogen, genossen die Tage und unsere Freiheit, waren so gut wie nie auf Gesellschaften. Nichts war Walther mehr verhaßt und erschien ihm eine größere Zeitverschwendung, als belanglose Gespräche auf langweiligen Partys zu führen. Viel lieber hat er sich da mit einem einfachen Bergbauern über das Vieh und die Ernte unterhalten.

Daß er mich sehr geliebt hat, dessen bin ich mir ganz sicher. Er hat es mir oft gesagt. Sogar noch auf dem Sterbebett. Da strich er mir über das Haar, nannte mich wie immer seine »Katze« und flüsterte: »Immer beinander.«

Als eine seiner schönsten Seiten habe ich empfunden, daß er so voll Liebe war im Großen wie im Kleinen, ob es ein Tier war, mit Leidenschaft ein gutes Essen zu kochen, eine Landschaft oder gute Musik – er liebte alles Ästhetische. So kam es, daß er als absoluter Mozartliebhaber durch mich das Werk Richard Wagners kennenlernte. Ich besuchte schon seit Jahren die Bayreuther Festspiele. Die dortigen Aufführungen waren für Walther ganz besondere musikalische Erlebnisse, die er fortan nicht mehr missen wollte. Jahr für Jahr pilgerten wir zum grünen Hügel, einig, daß »Tristan und Isolde« letztendlich doch unsere große Liebe war. Am Ende der Festspiele suchten wir die Villa Wahnfried auf, setzten uns vor den Flügel im Salon und lauschten Isoldes Liebestod – »Unbewußt höchste Lust«. Das wurde zu einer Art Ritus für uns. Tränenüberströmt verließen wir Bayreuth.

So wie er mit großer Leidenschaft Musik hörte, so groß war seine Liebe zu Tieren. Unsere Chow-Chow-Hündin Natascha schenkte uns sechs Welpen. Walther lag nur noch auf dem Fußboden, um sich von den kleinen Hündchen bekrabbeln zu lassen und ihnen beim Spiel zuzuschauen.

Daß er durch und durch ein Kavalier der alten Schule war, hat mir natürlich sehr gefallen. Es ist einfach herrlich, wenn ein Mann einer Frau die Türe aufhält, ihr in den Mantel hilft oder aufsteht, wenn sie den Raum betritt. Von Walther kann man aber auch sagen, daß er ein Kavalier im Denken war.

So sanft und mild er sein konnte, so messerscharf war jedoch seine Zunge, wenn ihm die »Pferde durchgingen«, wie er es ausdrückte. Er konnte aufbrausend, ungerecht und verletzend sein.

Angela Reyer

ALLE HÄNDE VOLL ZU TUN MIT DEM NACHWUCHS DER CHOW-CHOW-HÜNDIN NATASCHA

Doch innerhalb von Sekunden war alles wieder vorbei. Er hatte die Gabe, unangenehme Dinge schnell zu vergessen, sie aus seinem Kopf zu streichen, und nachtragend war er schon gar nicht.

Ich fühlte mich lange wie ein Sonntagskind, schließlich bin ich an einem Sonntag geboren und habe an einem Sonntag geheiratet. Daß mein Mann an einem Sonntag sterben würde, konnte ich nicht ahnen. Der Anfang vom Ende kam für mich mit dem Sturz während der Hauptprobe zu Carlo Goldonis »Grobiane« in Perchtoldsdorf. Dieser Unfall hat seine Seele gebrochen, das mußte bei einem Menschen wie ihm zum Tod führen. Er war ein gestürzter

Es fügte sich so ...

Mann, ein Mann ohne Stärke, und so konnte er nicht weiterleben. Vom Tag des Unglücks an bin ich mit ihm gestorben. Anfang August 1999 flog er noch einmal über seine geliebten Berge von Wien kommend nach Tirol. Hier verschlechterte sich sein Zustand täglich. Ich konnte noch einmal mit ihm zu den Dolomiten fahren, er sprach nur noch ganz wenig und verabschiedete sich leise von seiner geliebten Landschaft Südtirol. An seinem Geburtstag, am 5. September, besuchten ihn die Kinder Veronika aus München, Claudia-Maria aus Wien und Wolfgang aus dem Burgenland noch einmal an seinem Sterbebett. Als der Tod einen Tag später endgültig zu ihm kam, waren alle Götter um ihn. Sie ließen ihn so mild und leise gehen, wie er im Leben nie gewesen war. Ohne Kampf, ohne Schmerzen, ohne Angst. Es ist gut, daß ich das mit ihm erlebt habe. Und daß ich sehen durfte, wie ihm sein größter Wunsch, der Tod möge so sanft kommen wie die Umarmung seiner Mutter, erfüllt worden ist. Für mich waren die Jahre mit Walther Reyer die schönste Zeit meines Lebens. Sie ist ein großer, kostbarer Schatz, den ich für immer in meinem Herzen trage.

»UNBEWUSST – HÖCHSTE LUST«
ANGELA UND WALTHER REYER IM SOMMER 1999

Überlebt und neu geboren –
der Flugzeugabsturz

Wenn man sich daran erinnern kann, wie man geboren wurde, dann muß ein Wunder im Spiel sein. In meinem Fall ereignete sich ein solches Wunder in der Christnacht des Jahres 1958.

Als ich in jener Nacht das Licht der Welt zum dritten Mal erblickte, stand ich bis zu den Knöcheln im Morast eines Schwechater Ackers; und als Licht bot sich der glühende Feuerschein des Flugzeugwracks dar, dem ich Minuten zuvor zusammen mit siebenundzwanzig anderen Passagieren und sechs Mann Besatzung entkommen war. In dieser Nacht ist wohl auch das Christkind mitgeflogen.

Es war eine Sturm- und Regennacht. Rasender Nordwestwind kämpfte über Wien mit dem Föhn, der bis ins Donautal durchgestoßen war. Ich hatte bis in die frühen Morgenstunden dieses Tages in Berlin an der Synchronisation des Films »Der Tiger von Eschnapur« gearbeitet, den wir in Indien gedreht hatten. Um halb zehn Uhr vormittags war ich im Studio fertig und konnte die Heimreise antreten. Ich freute mich zwar darauf, Weihnachten in Wien feiern zu können, aber irgendwie begleitete mich die ganze Zeit hindurch ein unangenehmes Gefühl. Ich mußte über Nürnberg nach München fliegen, hatte Stunden auf Flughäfen zuzubringen.

Es fügte sich so ...

In einem Flugzeug traf ich den Schauspieler Peter van Eyck, den jugendlichen Jäger des »Dr. Mabuse«, der gerade an der Seite von Gert Fröbe und Nadja Tiller in dem deutschen Skandalfilm »Das Mädchen Rosemarie« mitgewirkt hatte. Nun saß er mit eingegipstem Bein neben mir, auch das fand ich irgendwie deprimierend. Als wir in München landeten, schneite es so heftig, daß ich glaubte, es würde nie wieder hell werden. Um den Frühling zu beschwören, kaufte ich einen großen Strauß Flieder für meine Frau Gretl Elb.

Endlich in der Air-France-Maschine nach Wien, saß ich nicht wie sonst auf einem der vorderen Fensterplätze, sondern gangseitig und noch dazu weit hinten. Neben mir lagen drei Dinge: mein kleines Notizbuch mit vielen, mir wichtigen Telefonnummern in Indien, mein Mantel sowie der Fliederstrauß. Als wir uns Wien näherten, mußte ich mich nahezu verrenken, um die Lichter der Stadt sehen zu können.

Plötzlich stürzte das Flugzeug in die Tiefe. Gleichzeitig begann alles wie irrsinnig zu schwanken. Links rechts, links rechts, links rechts. Ein gigantischer Krach, als die Maschine auf dem Boden aufschlug – in der Kabine wurde es stockdunkel. Ein Lichtschein blitzte an mir vorbei, die Tür flog auf. Angstvolles Gekreisch, dann wurde es ganz ruhig. Nur das Knistern der Flammen war zu hören. Ein Gedanke schoß mir durch den Kopf: »So ist es also, wenn du stirbst. Jetzt kannst du nur noch beten.« Ich erinnere mich, daß ich ganz ruhig wurde. Und daß ich in aller Klarheit überlegte: »Was würde mein Vater jetzt tun?«

Von den drei Dingen, die neben mir lagen, nahm ich nur den Mantel. Alles drängte zur Tür. Wie ich dorthin fand, weiß ich nicht mehr. An den Sprung ins Freie hingegen erinnere ich mich

DAS WEIHNACHTSWUNDER VON 1958: ALLE ÜBERLEBTEN
DEN FLUGZEUGABSTURZ

Es fügte sich so ...

gut. Ich mußte mitten durch die Flammen, sie versengten mir die langen Haare, die ich mir schon für den »Prinz von Homburg« hatte wachsen lassen, und die Wimpern. Dann rannte ich, instinktiv ahnend, daß die Maschine gleich explodieren würde. Im Laufen riß ich eine Frau mit, die verwirrt und barfuß vor der Maschine herumirrte und um ihre beiden verlorenen Pelzmäntel jammerte.

Wenige Minuten nachdem sich der letzte Passagier nach draußen hatte retten können, krachte es dumpf, schossen Stichflammen in die Höhe, explodierte die riesige Constellation. Kein Mensch, der noch an Bord gewesen wäre, hätte diese Gluthölle überstanden. Ich legte der zitternden Frau, die ich mit mir gerissen hatte, meinen Mantel um die Schultern. Dann lief ich los in Richtung Flughafen. Die Frau rief mir noch nach, ich solle ihren dort wartenden Mann verständigen. Ich drehte mich um und fragte sie: »Wie heißen Sie denn überhaupt?« – »Liane Augustin«, war die Antwort.

Meine Frau war mit dem Wagen zum Flughafen gekommen, um mich abzuholen. Vom Flughafen aus hatte sie mitansehen müssen, wie die Maschine abgestürzt und in Flammen aufgegangen war. Sie versuchte noch, mit dem Wagen zu den Trümmern hinauszufahren, kam aber im Morast nicht weiter. Vollkommen sicher, daß ich ums Leben gekommen sei, kehrte sie um und fuhr in Tränen zurück nach Hause. Als ich sie eine Stunde später anrief, war sie völlig verwirrt. Sie stammelte nur: »Mein Gott, Walther, du lebst? Wieso denn?« Es war ein Wunder, das sie kaum fassen konnte.

Nach dem Flugzeugunglück fühlte ich mich vital, stark und froh. Ich hatte dem Tod ins Auge geblickt und erkennen können, daß ich dabei keine Angst verspürte. Dieses Erlebnis hinterließ in

Überlebt und neu geboren – der Flugzeugabsturz

mir kein Trauma, nicht einmal Flugangst. Im Gegenteil: Jemand, der so in Gottes Hand ist wie ich, dachte ich fortan, dem kann gar nichts passieren. Zu meinem 75. Geburtstag habe ich meine Frau und meine Kinder zu einem Rundflug über die Alpen eingeladen. Fast allen ist schlecht geworden, weil das Flugzeug zu unruhig in der Luft lag, mir aber nicht. Ich habe voll Genuß und Freude auf meine geliebten Berge, Täler und Kirchen hinuntergeschaut.

Der Flugzeugabsturz brachte mich dazu, meine Zukunftspläne zu ändern. Das wäre ein guter Beginn für ein neues Leben, fand ich. Bei den Dreharbeiten zum »Tiger von Eschnapur« war ich so von Indien beeindruckt gewesen, daß ich mich beinahe aufgelöst hätte im Glücklichsein. Während die anderen dasaßen und über das Theater redeten, lag ich in Umarmungen. Mit der indischen Lebensart, mit dem Klima, den Farben. Ich hatte mir fest vorgenommen, nach Beendigung der Dreharbeiten so bald wie möglich nach Indien zurückzukehren. Aber als dann mein Notizbuch mit den Adressen mir wichtiger Menschen in diesem Land im Flugzeug verbrannt war, wußte ich, daß mir der liebe Gott damit gesagt hatte, ich solle dableiben. Also blieb ich in Wien.

Liane Augustin, die ich in dem Acker vor dem brennenden Flugzeugwrack kennengelernt hatte, traf ich wenig später im Wiener Ronacher wieder. Die Chansonette war mit Gabor von Kenezy, dem damaligen Besitzer der Eden-Bar, verheiratet. Schon zwei Tage nach dem Unglück trat sie wieder auf. »Ich hab mich so an dich gewöhnt«, sang sie jetzt für mich. Und sie war schon wieder barfuß. Zur Abwechslung war sie mit dem Bleistiftabsatz ihres Schuhes in einer Bodenrille steckengeblieben. Auch diesmal konnte ich ihr aus der Patsche helfen, indem ich ihr den Schuh unauffällig überreichte.

Kindheit in Tirol

An meine erneute Geburt nach dem Flugzeugabsturz kann ich mich wesentlich besser erinnern als an meine eigentliche Ankunft auf der Welt: Mein erster großer Auftritt fand im September des Jahres 1922 in Hall in Tirol statt. Den Kreis meines damaligen Publikums könnte man zu Recht als klein und intim bezeichnen, um so größer aber war der Jubel: Mein Vater Anton Reyer, für den als jüngstes von zehn Kindern eine Großfamilie das Natürlichste auf Erden war, hatte endlich einen Sohn. Meine beiden Schwestern Maria und Antoinette, »Tontschi«, die aus der ersten Ehe meiner früh verwitweten Mutter stammten, bekamen mit mir den ersehnten Spielgefährten. Meine zarte, aber energische Mutter durfte endlich wieder das tun, was sie am besten konnte, nämlich Güte, Fürsorge und Liebe verschenken. Und alle zusammen waren wir eine glückliche Familie.

Als ich ein Jahr alt war, übersiedelten wir nach Hötting in Innsbruck, in die Schneeburggasse. Mich beeindruckten an dem Haus besonders eine große Holzstiege, die hellen Räume und ein Erkerzimmer, das ich auch später über alles lieben sollte, weil es den ganzen Tag über Sonne bekam. Vor dem Haus stand ein Brunnen, aus dem immer kaltes, kristallklares Wasser floß.

Mein Vater, ein großgewachsener Mann mit dichtem schwarzem Haar, war Gendarmeriebeamter und machte Dienst am Brenner.

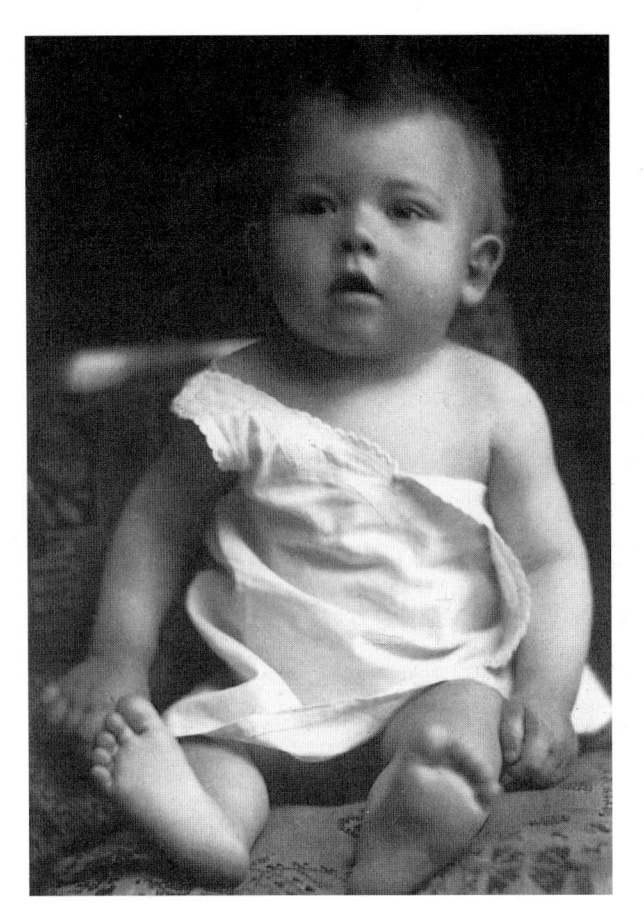

DER KLEINE WALTHER REYER

Der geborene Südtiroler blieb sein Leben lang ein tiefgläubiger Mann. Im Ersten Weltkrieg hatte er an der Front im Trentino gekämpft und sogar den Titel »Held von Casotto« errungen. Zu Hause bewahrte meine Mutter seine Tapferkeitsmedaillen auf, eine in Gold, eine in Silber und eine in Bronze. Ein Foto zeigte ihn zusammen mit Kaiser Karl. Der Vater war ein stiller Mensch und hat nie viel über seine schrecklichen Erlebnisse im Krieg geredet. Eines aber ist mir in Erinnerung geblieben: Mein Vater sprach

Kindheit in Tirol

MUTTER MARIA, VATER ANTON, WALTHER, ANTOINETTE, MARIA

manchmal von seiner Erschütterung, als er die verwundeten Soldaten nach ihrer »Mamma« schreien hörte.

Vieles von dem, was ich später so getrieben habe, hat mein Vater nicht gutgeheißen. Statt mich zu kritisieren, hat er aber nur den Kopf geschüttelt und oft gesagt: »Bub, du mußt wissen, was du tust.« Er war alles andere als ein engstirniger Tiroler.

Meine Mutter war eine richtige Mutter. Sie war zart, stets gepflegt und sehr diszipliniert in allem. Ich erinnere mich, daß sie immer nette Kleider trug und herrlich duftete. Auch sie war nicht mit allem einverstanden, was ich so angestellt habe, aber sie hat es ertragen. Mutter hat für mich alles gemacht, aber auch wirklich alles. Sooft ich Jahre später nach Innsbruck kam, lief sie zum

Es fügte sich so ...

Fleischhauer und kaufte das beste Fleisch, obwohl sie normalerweise einen sparsamen Haushalt führen mußte. Dann kochte sie Tafelspitz für mich, Tiroler Knödel oder Gröstl. Und in der ganzen Umgebung erzählte sie nur davon, daß nun ihr Sohn aus Wien zu Besuch käme. Es hat später nie mehr jemanden gegeben, der mich so geliebt hat wie sie. Und es hat nie mehr jemanden gegeben, der mich so umarmt hat wie sie. Manchmal denke ich, wenn der Tod so zu mir kommt wie die Umarmung meiner Mutter, dann wird er wunderbar sein.

Als ich vier Jahre alt war, bin ich dem Tod zum ersten Mal sehr nahe gekommen. Ich spielte auf dem Balkon unseres Hauses in Hötting und streckte mich nach der Wäscheleine aus. Immer weiter und weiter, bis ich das Gleichgewicht verlor und in einer nie enden wollenden Drehung nach unten stürzte, sechs Meter tief. Als ich wieder zu mir kam, lag ich in den Armen meiner Mutter, sah ihr weinendes Gesicht und ihren Goldzahn. Meine Hände schmerzten, und meine Lippen waren heiß vom Blut, das über mein Gesicht rann.

Der eigentliche Schock kam erst später, als mich der Arzt auszog und auf einen kalten Tisch setzte. Fast ist es, als hörte ich mich heute noch brüllen, als er mir die Lippe mit Jod behandelte. Ich weiß genau, daß ich nicht vor Schmerz brüllte, sondern weil ich nackt war. Ich schrie vor Scham.

Bald war ich wieder wohlauf und gesund, um mit meinen beiden Schwestern zu spielen. Manchmal zogen sie mir Mädchenkleider an und setzten mir eine große Masche auf den Kopf. Als kleine Schwester verkleidet fühlte ich mich nicht sonderlich wohl. Viel lieber stellte ich mich vor den Radioapparat und dirigierte die Musik, die gerade gesendet wurde, was meine Mutter sehr amü-

WALTHER REYER MIT SEINEN SCHWESTERN MARIA (LINKS)
UND ANTOINETTE (»TONTSCHI«)

sierte. Eine Qual hingegen war für mich der Gang zum Friseur. Ich trug damals einen Pagenkopf, und jedesmal, wenn er neu geschnitten werden mußte, erfaßte mich panische Angst. Es störte mich enorm, daß ein fremder Mensch mit einer spitzen Schere an meinem Kopf herumschnipselte. Nur der kleine Bär, den ich mit den Händen umklammert hielt, beruhigte mich.

Angst hat mich in meinen ersten Lebensjahren oft heimgesucht. Ich war ein hellhäutiges, fast durchsichtiges Kind mit einem empfindlichen Magen, in vielen Dingen sehr scheu und geplagt von Alpträumen. Wenn ich nachts weinte, schob mein Vater mein Kinderbett an sein Bett heran und hielt meine kleine, kalte in seiner großen, warmen Hand. Seine Güte und Ruhe vertrieben mir die Alpträume.

Mit meinem Vater habe ich lange Wanderungen durch den Wald und auf die Berge unternommen. Oft sind wir die Schneeburggasse hinaufgegangen, eine halbe Stunde bergan zum »Großen Gott«. An diesem Weg lagen vier Brunnen, aus denen eiskaltes Wasser lief und aus denen wir immer tranken. Beim »Großen Gott« beteten wir, dann gingen wir wieder zurück.

Vor der Bescherung am Weihnachtsabend stapften wir den ganzen Nachmittag durch den verschneiten Wald auf die Berge zu und machten irgendwo ein kleines Feuer. Bevor es dunkel wurde, fuhren wir mit der Rodel zurück in Richtung Stadt. Zu Hause wartete schon die Mutter mit Nudelsuppe und Weißwürsten. Dann klingelte es, die Christbaumkerzen erleuchteten den Raum: das Christkind war gekommen. So herrliche Lebkuchen wie damals habe ich nie wieder gegessen. Das klingt so simpel, aber es ist wahr.

Im Sommer sind wir auf die umliegenden Berge gewandert. Im Wald sammelten wir Holz oder »Tschurtschen«, wie man die Kiefernzapfen in Tirol nennt, und ich zog meist ein Baumstämmchen hinter mir her, das an einer Schnur befestigt war. Ein kleines Feuer zu machen gehörte auch im Sommer immer dazu. Feuer, das übte eine magische Anziehungskraft auf mich aus; Feuer und Wasser. Wenn wir zu einer Quelle kamen, legten wir uns auf den Bauch und tranken wie die Tiere. Das Wasser war wichtig: die Hand in die Quelle zu halten, bis es weh tat, oder das Wasser so kalt zu trinken, daß die Zähne schmerzten – da spürte man das Leben.

Mein Vater liebte Paraden und Aufmärsche, und dazu nahm er mich gerne mit. Oft besuchten wir auch die Innsbrucker Hofkirche. Danach geisterten die »Schwarzen Manda« lange durch meine Bubenträume, jene überlebensgroßen, in schwarzem Metall gegossenen Gestalten, die den Kenotaph Kaiser Maximilians I. umstehen. Anfangs beeindruckte mich der von Albrecht Dürer entworfene König Artus am stärksten. Später zog es mich fast auf magische Weise zu einer anderen Figur hin, zu Theoderich. »Warum gehst' denn immer zu dem hin?« fragte mich mein Vater immer wieder. Und ich antwortete: »Schau nur, wie seine Beine sind und die Arme und die ganze Haltung. Er steigt gleich herunter, und ich kann ihm die Hand geben. Er spricht, schau nur seine Augen an!«

Theoderich war für mich ein faszinierender Bursche. Ich mochte ihn schon als Figur in der Innsbrucker Hofkirche. Und später habe ich nachgelesen, was für ein Kämpfer er war, was für ein tapferer Held. Jahre später, am Theater, habe ich mir manchmal gedacht: Was stehst denn so komisch, so mit Spielbein und Standbein? Dann ist mir klar geworden: Wie der Theoderich stand ich da.

Manchmal denke ich, daß ich in meiner Familie so glücklich aufgewachsen bin, wie es sonst nur italienische Kinder erleben; geliebt und gleichzeitig als Kind respektiert. Ich habe dennoch viel für mich allein gespielt. Nicht nur, weil mich die Mutter vor den Gassenjungen sorgsam behütete, sondern auch, weil ich mich gerne in der kleinen Welt meiner Phantasie aufhielt. Die Szenerie dazu lieferte mir die Heilige Messe. Die Orgelmusik, der Weihrauch, die Gebete, das hat mich damals ungemein beeindruckt. Zu Hause richtete ich mir einen eigenen Altar ein. Mit Kerzen, einem Kelch und einem Grab Christi. Ich las die Messe, reichte die Kommunion, hielt Predigten. Mit vier Jahren erklärte ich, daß ich einmal Bischof werden würde. Das freute meinen Vater.

Es fügte sich so ...

Ich bin auch als Dreizehn-, Vierzehnjähriger oft zur Heiligen Messe gegangen. Es gibt viele Kirchen in Tirol, aus denen ich ohnmächtig hinausgetragen werden mußte, weil ich es nicht vertrug, daß man vor der Messe nicht frühstücken durfte – das ist meiner Tochter Cordula später übrigens auch des öfteren passiert. Jetzt, nach so vielen Jahren, weiß ich, daß mein späterer Beruf gar nicht so weit von meinen Kindheitsphantasien entfernt war. Kirche und Theater, das sind zwei verwandte Welten. Kirche ist Theater, großes barockes Theater.

Mein Vater konnte das aber nicht so sehen. Nachdem ich an das Burgtheater engagiert worden war, sprachen ihn viele Leute in Innsbruck auf meine Erfolge an. Aus dem Walther sei doch etwas geworden. Da war er natürlich schon stolz auf mich. Aber als er einmal Ohrenzeuge wurde, wie ich am Telefon mit einem Mitarbeiter des »Sissi«-Filmstabes herumschrie, verlor er sichtlich jedes Verständnis für meine Faszination die Schauspielkunst betreffend. Als ich ihm einen Packen Geldscheine zeigte, meine Gage für die Rolle des Grafen Andrassy, leuchtete ihm ein, daß man mit diesem Beruf wenigstens Geld verdienen konnte.

1956 war mein Vater in Wien und sah mich am Burgtheater als Mortimer in Schillers »Maria Stuart« und als König Alphons in Grillparzers »Jüdin von Toledo«. Als katholischen Menschen hat ihn das Schicksal der Maria Stuart besonders beeindruckt. Die beiden Vorstellungen haben meinen Vater überzeugt, daß dieser Beruf für mich wohl doch der rechte sei. Wie mir meine Mutter später erzählte, war er, von Wien nach Innsbruck zurückgekehrt, lange wortlos am Fenster gestanden. Wenige Wochen später starb mein Vater, fünfundsiebzig Jahre alt, offenbar versöhnt mit meiner Berufung.

Mit dem Kopf in den Wolken

In der Schule war ich kein Glanzlicht. Zum einen war ich ein bißchen faul, und zum anderen hatte ich, das ohnehin scheue Kind, schlicht und einfach Angst. Ich erinnere mich an einen kleinen, zornigen Professor, der ständig herumbrüllte und mich einmal mit folgenden Worten aus meinen Phantasieträumen riß: »Reyer, ich häng mich auf, du ein halber Südtiroler! Nenn mir das Tal nicht, aus dem ihr kommt, das wäre eine Beleidigung für das Tal!«

Mir ist zwar eine humanistische Bildung zuteil geworden, den Wert von Latein und Griechisch lernte ich aber erst viel später zu schätzen. Während der Schulzeit war ich mit dem Kopf irgendwo in den Wolken.

Ich begann mit Mädchen zu spielen. Ich erinnere mich noch daran, daß ich mir für sie immer Geschichten ausgedacht habe. Und oft spielte ich mit ihnen auch erlebte Szenen nach. Es interessierte mich als Knabe alles andere mehr als die Schule; in der Wiese zu liegen und in den Himmel zu schauen oder auch leichtsinnig zu sein und meine Grenzen zu überschreiten.

Eine meiner liebsten Spielgefährtinnen war die Gerti, ein Mädchen, das immer zur Sommerfrische nach Tirol kam. Aber sie war dann auch der Grund für meinen ersten großen Kummer. Denn eines Tages tauchten ein paar ältere Buben aus der Schule auf,

WALTHER REYER MIT SEINER SPIELGEFÄHRTIN GERTI

spielten Ziehharmonika, und weg war sie. Das Unfaßbare für mich war: Da kommen ein paar, die ein bißchen älter sind, und schon ist sie fort. So tief der Schmerz aber auch war, er hielt bei weitem nicht ewig. Jahre später habe ich für Gertis Kinder den Nikolaus gespielt.

Je näher die Matura rückte, desto stärker festigte sich in meinen Eltern der Wunsch, ich solle Medizin studieren. Im Prinzip sprach dagegen wenig. Und hätte es da nicht meinen Englischlehrer, den

Mit dem Kopf in den Wolken

WILLI KUNDRADITZ, WALTHER REYER, HANS-JÖRG BITTERLICH, DARUNTER EDI GRÜNEWALD, RUDI ATTLMAYR, WOLFRAM BITTERLICH (V. L.)

Professor Franz Mair gegeben, wer weiß, vielleicht wäre ich ein guter Chirurg geworden statt eines König Alphons oder eines Jedermann.

Wir Buben aus dem Innsbrucker Gymnasium Angerzellgasse nannten diesen Professor »Englisch-Mair«. Wir verehrten ihn, vergötterten ihn. Er fuhr Ski wie der Teufel, und das, obwohl er es gerade erst im für uns hohen Alter von Dreißig erlernt hatte. Wenn er von der jüngsten »Hamlet«-Inszenierung in Berlin erzählte, glaubte man selbst im Publikum zu sitzen. Er war ein großer Kenner deutsch- wie englischsprachiger Literatur. Stets konnte er interessante Neuerscheinungen empfehlen.

Diesem Professor Mair war aufgefallen, daß Musik für mich außerordentlich wichtig war, daß ich in Symphoniekonzerte ging und eine große Bereitschaft zeigte, mich auf die Geheimnisse der Dichtkunst einzulassen. Er hatte einen sechsten Sinn für Menschen, er fühlte, was in ihnen steckte. »Der Reyer ist unser Max Piccolomini!« sagte er manchmal. Und setzte mir damit einen Gedanken in den Kopf, der mich nicht mehr losließ: auf der Bühne zu stehen. Später, als ich den Piccolomini in Schillers »Wallenstein« tatsächlich spielte, mußte ich immer wieder denken: »Bestimmt sieht er mich jetzt!«

Ein paar von uns Buben lud der Englisch-Mair gelegentlich zu sich nach Hause ein. Den Hansjörg, den Wolfram, den Grünewald Edi, dessen Vater, Generalstaatsanwalt Dr. Ernst Grünewald, von den Nazis seines Amtes enthoben und ins KZ gesperrt worden ist, und mich, dessen Vater die Nazis gleich 1938 aus dem Gendarmeriedienst geschaßt hatten.

In den ersten Maitagen des Jahres 1945 lieferten sich die Nazis und die in der 05 zusammengefaßten Widerstandsgruppen erbitterte Kämpfe um die Innsbrucker Innenstadt. Einer der Freiheitskämpfer war unser Englisch-Mair. Aus reiner Kriegsunerfahrenheit erlitt er einen Lungenschuß. Während sich die anderen zu Boden geworfen hatten, um dem feindlichen Feuer zu entgehen, war er aufrecht stehengeblieben. Man brachte den Schwerverletzten ins Krankenhaus. Bevor er starb, so erzählte man, ließ sich unser Englischprofessor noch einmal das Verdi-Requiem vorspielen.

Ein großer Teil meiner Klasse war politisch im Widerstand engagiert. 1938 waren nicht nur mein Vater, sondern auch die Väter vieler Mitschüler von den Nazis entlassen worden, weil sie entweder »schwarz« waren oder sonstwie nicht ins System paßten. Das

ALS SANITÄTER IM KRIEG

mobilisierte Abwehrmechanismen in den Köpfen der Söhne. Wir wurden zwar ständig mit Nazipropaganda überhäuft, bei uns fiel das aber nicht auf fruchtbaren Boden. Außerdem wirkte die Impfung, die uns der Englisch-Mair gegen den Virus Nationalsozialismus verpaßt hatte. Im nachhinein muß ich jedoch sagen, daß die Propagandamaschinerie des damaligen Regimes wirklich höchst professionell gemacht war; die Filme der Leni Riefenstahl zum Beispiel. Ich habe Verständnis dafür, daß sich junge Menschen davon beeindrucken ließen. Mir jedenfalls konnte keine Propaganda etwas anhaben. Mein Vater war Legitimist, stand also für das alte Herrscherhaus ein, und ich betätigte mich aktiv im Widerstand.

Der Versuch, Medizin zu studieren, bewahrte mich im Krieg da-

ALS MEDIZINSTUDENT IN INNSBRUCK

vor, an die Front geschickt zu werden. Ich kam zur Dritten Gebirgs-Sanitäts-Ersatzabteilung 18 in Saalfelden und wurde dann verschiedenen Lazaretten zum Dienst zugeteilt; zuerst in Radkersburg, dann in Spittal an der Drau, und schließlich wurde ich nach Innsbruck versetzt. So hatte ich das Glück, das Kriegsende daheim erleben zu können. Obwohl ich damals schon spürte, daß die Medizin nicht wirklich das Richtige für mich sein würde, nahm ich nach dem Krieg noch einen Anlauf und ging an die Innsbrucker

Universitätsklinik zu Professor Burghard Breitner. Die Vorlesungen des gelernten Schauspielers, der später für das Amt des Bundespräsidenten kandidieren sollte, ließen nichts an Theatralik und Faszination vermissen. Die Art, wie er im offenen Arbeitsmantel mit hinten wippenden Dragonerteilen und aufgeknöpftem Hemd durch die Gänge schritt, war hohe Kunst, und allein seine Vorlesungen über den Kropf leisteten mir den besten Schauspielunterricht.

Trotzdem blieb die Universität für mich nur ein kurzes Gastspiel, denn nach dem Krieg suchte Radio Innsbruck einen Sprecher. Kurz entschlossen stellte ich mich vor, meine Stimme gefiel, und ich hatte den Job. Meine erste Aufgabe im Jahre 1945 bestand darin, die Rede des französischen Generals anläßlich der Befreiung Westösterreichs durch die französischen Truppen in deutscher Sprache zu verlesen. Ich bekam auch meinen ersten Sprechunterricht bei der in Bregenz bereits etablierten Schauspielerin Traute Foresti, die aus Furcht vor den Russen aus Wien geflohen und Richtung Westen gezogen war. Im übrigen führte ich ein lockeres Leben. Ich war in allen möglichen Lokalen daheim, saß beim Wein und kam meist irgendwann gegen fünf Uhr früh nach Hause, singend. Ich rechne es meinem Vater hoch an, daß er mir deswegen nie Vorwürfe gemacht hat. Meinen Sechsuhrdienst zum Nachrichtenlesen habe ich oft verschlafen. Statt neuester Meldungen wurde dann Marschmusik gesendet. Schließlich zitierte mich der Leiter von Radio Innsbruck, Dr. Artur von Schuschnigg – er war der Bruder des ehemaligen Bundeskanzlers –, zu sich und hielt mir eine Strafpredigt: »Herr Reyer, so geht das nicht. Die Leute wollen Nachrichten hören und keine Marschmusik!«

Aber als dann der große Burgschauspieler Fred Liewehr nach Innsbruck engagiert wurde und im Landestheater spielte, getraute

WALTHER REYER ALS TEENAGER

ich mich, ihn zu fragen, ob ich ihm vorsprechen dürfte. Liewehr spielte alle Rollen des klassischen Repertoires: Karl Moor, Romeo, Graf Wetter vom Strahl, Carlos, den Marquis von Posa – und er gab mir ein paar Stunden kostenlosen Schauspielunterricht. Da wußte ich einmal mehr, daß mein Weg zum Theater führen mußte.

*Sitzen, spinnen, trinken –
Anfänge am Theater*

Traute Foresti war inzwischen nach Bregenz weitergezogen. Dort stellte gerade Kurt Kaiser, der ehemalige Solotänzer der Wiener Staatsoper, die Vorarlberger Landesbühne zusammen. Im Jahr darauf, also 1946, begründete Kaiser übrigens auch die Bregenzer Festspiele. Ich sprach bei ihm vor, Schillers Monolog des Don Carlos an der Leiche des Marquis von Posa. Er nahm mich sofort.

Von nun an spielte ich in Schruns, Tschagguns, Dornbirn, Feldkirch, Bregenz und in der Mehrerau. Oft waren die Requisiten höchst improvisiert. Wir benutzten zum Beispiel Degen, die sich in den Fechtszenen zur Freude des Publikums bogen. Es sah aus, als würden wir mit Gummischläuchen gegeneinander in den Kampf ziehen. Durch die ländliche Atmosphäre unserer Spielorte erzielten wir immer wieder ungewollte Lacherfolge. Unvergessen wird mir die Vorstellung von Schillers »Kabale und Liebe« bleiben, in die eine Kuh ständig hineinmuhte. Es kam zu folgendem Dialog: »Mein Herz ist das gestrige, ist es auch das deine noch?« Die Antwort: »Muh!« Ich: »Und liebt mich meine Luise noch?« Antwort: »Muh!«

In dem Stück »Der Kreidekreis« von Johannes von Guenther stand ich als Prinz Liu-Po mit der erstklassigen Schauspielerin Eva Orla, die die entzückende Haitang verkörperte, auf der Bühne.

Es fügte sich so ...

Wir beide sind oft in den Bregenzerwald gefahren. Wo immer wir auf eine dieser kleinen Landkirchen stießen, traten wir ein. Dann setzte ich mich in eine der Bankreihen, sie stieg hinauf in den Chor und sang: »Willst du dein Herz mir schenken, so fang es heimlich an ...« Danach liefen wir aus der Kirche und hinein in eine Wiese, legten uns hin, schauten in die Wolken und gerieten in einen Schwebezustand, der nur mit dem Gefühl zu vergleichen ist, das man beim Theaterspielen empfinden kann oder beim Fliegen. Seit dieser Zeit ist Vorarlberg für mich untrennbar mit Liebe verbunden.

Nach meinem ersten Jahr als Schauspieler an der Vorarlberger Landesbühne meldete sich die Schauspielergewerkschaft bei mir und forderte eine Prüfung. Ich hatte ja gar keinen anerkannten Schauspielabschluß vorzuweisen, war ich doch immer gleich beim Vorsprechen engagiert worden. Ich trat an, und als ich diese Prüfung bestanden hatte, begriff ich, daß Vorarlberg für mich eine Schule gewesen war, statt der andere das Reinhardt-Seminar durchmachen mußten. Jetzt war ich sozusagen diplomierter Schauspieler und wurde von Ilse Exl für die Innsbrucker Exl-Bühne engagiert. Auf dem Programm stand der »Weibsteufel« von Karl Schönherr, ein Stück, das ich Jahre später wieder am Theater in der Josefstadt spielen sollte. Aber vorerst gingen wir damit auf Tournee in die Steiermark und durch Tirol. Wir hatten riesigen Spaß, aber irgendwann hatte ich von dem ewigen Herumziehen trotzdem genug.

Ich fuhr nach Salzburg und handelte mit dem Salzburger Landestheater einen Vertrag aus, der mir eine bestimmte Anzahl an freien Tagen zur Fortsetzung meines Medizinstudiums zugestand. Mit Robert Pless, dem Intendanten des Landestheaters Innsbruck, schloß ich außerdem einen Vertrag für Franz Grillparzers Drama »Des Meeres und der Liebe Wellen«, in dem ich den Leander spielen sollte. Dann aber kam ein neuer Intendant nach Salzburg, und mein Vertrag platzte. Plötzlich war ich so gut wie arbeitslos. Und völlig durcheinander. Der Zufall wollte es, daß ich in Innsbruck wieder dem Intendanten Pless über den Weg lief. Spontan, vom Fleck weg, bot er mir ein fixes Engagement in seinem Haus an. Das war der Beginn meiner drei Jahre am Landestheater Innsbruck.

In dieser Zeit war ich weit vom Idealbild eines ernsthaften Künstlers entfernt. Ich arbeitete schlampig an meinen Rollen, schleppte beim Theater lieber Tische und Stühle herum als zu probieren, soff die Nächte durch, war leichtsinnig, übermütig und frech und dann wieder ganz scheu. Wenn jemand meinen Namen rief, wurde ich rot. Anfangs kam es sogar vor, daß ich auf der Bühne den Kopf hängen ließ. »Reyer, nicht immer am Boden Blumen pflücken«, sagte ein Regisseur einmal.

Der Wunsch, eine andere Person darstellen zu dürfen, hat mir über viele Unsicherheiten hinweggeholfen. Ich hatte immer Lampenfieber, aber ich glaube, daß der feinschlägige Tremor, der durch die Nervosität entsteht, etwas durchaus Notwendiges ist, um für eine Rolle Emotion aufzubauen. Kaum stand ich auf der Bühne, war die Scheu weg. Die starke Anspannung führt wahrscheinlich dazu, daß der Körper eine erhöhte Adrenalinausschüttung erlebt. »Die Gottheit schüttet etwas über dem Menschen aus«, heißt es bei Homer. An diesen göttlichen Beistand glaube ich fest. Er dürfte auch der Grund sein, warum man auf der Bühne wie von innen leuchtet. Das ist ein Zustand der Gnade, des Heiligwerdens.

Es fügte sich so ...

In Innsbruck war ich allerdings vom Heiligwerden noch weit entfernt. Damals war mir alles lieber als seriöse Arbeit: sitzen, spinnen, trinken. »Der Reyer verkommt«, haben viele gesagt. Ich habe geantwortet: »Ich komme ans Burgtheater!« Da haben alle gelacht.

In dieser Zeit, genauer am 17. Juni 1949, kam in Bregenz mein erster Sohn Wolfgang zur Welt. Seine Mutter war die Soubrette Käthe Lentsch. Eine entzückende, unwiderstehliche Person, die mich an Marika Rökk erinnerte. Sie war am Landestheater in Vorarlberg engagiert, wo wir uns kennen und lieben gelernt hatten. Käthe Lentsch ist später in St. Andrä am Zicksee Postmeisterin geworden. Wolfgang ist dort aufgewachsen. Er arbeitet jetzt als Psychagoge und ist glücklicher Vater von zwei Kindern.

Ein Jahr nach Wolfgangs Geburt hatte mir meine erste Frau Erika Remberg, die in Sumatra als Tochter eines österreichischen Tabakpflanzers geboren wurde, in Innsbruck ein Töchterchen namens Veronika, »Ronni«, geschenkt. Erika war erst sechzehn, als sich ankündigte, daß sie Mutter werden würde. Ihr Vater bestand auf sofortiger Heirat, also gab es eine kirchliche Hochzeit in Weiß. Wir hatten damals überhaupt kein Geld, ich verdiente als Schauspieler ja nur sehr wenig. So kam es, daß Ronni in der Armenabteilung des Innsbrucker Krankenhauses zur Welt kam. Für Erika war dieses Erlebnis ein großer Schock, denn auch famulierende Studenten waren bei der Geburt anwesend, ohne daß sie dagegen etwas hätte tun können. Erika Remberg ist später nach München zum Film gegangen und hat als Schauspielerin Karriere gemacht. Als ich schon mit Gretl Elb verheiratet war, fand sie ebenfalls ein zweites Glück. Sie heiratete den spanischen Filmschauspieler Gustavo Rojo.

Einer der Grundsätze meines Vaters lautete: Über drei Dinge redet man nicht – über Geld, Gesundheit und Frauen. Soweit es möglich war, habe ich mich stets daran gehalten. Daß das Weibliche auf mich aber immer eine besondere Faszination ausgeübt hat, läßt sich wohl nicht verheimlichen. Da war zum einen eine große Lust, Verführungskünste immer neu zu üben, zum anderen eine generelle Begeisterung für die Schönheit, für das Weiblich-Ästhetische. In Abwandlung des Faustzitats »Das ewig Weibliche zieht mich hinan« sagte ich gern: »Das zeitlich Weibliche zieht mich hinunter.« Fest steht jedenfalls, daß von allen meinen Schutzengeln der seine Aufgabe am schlechtesten erfüllte, der auf meinem Oberschenkel Dienst hatte.

Schauspielerin Erika Remberg:
»Ein Orkan erfasste mich und Walther. Ich war erst sechzehn.«

Es war in Kematen in Tirol, an der wilden Melach. Die Familie meiner Mutter besaß dort ein kleines Schloß. Mein Vater hatte viele Jahre lang als Tabakpflanzer in Sumatra gelebt, wo ich geboren wurde. Nach unserer Rückkunft in Europa verbrachten wir in Kematen unsere Sommer.

Eines Sonntags besuchte uns Walther in diesem Schloß. Das frisch geschnittene Gras duftete, ich war gerade erst sechzehn Jahre alt, und unsere Liebe war vom ersten Augenblick an groß und leidenschaftlich. Es war, als hätte uns ein Orkan erfaßt und uns mit seiner Naturgewalt um- und mitgerissen.

Als mein Vater erfuhr, daß ich schwanger war und fest entschlossen, das Kind auch zu bekommen, statt weiter in die Schule zu gehen, war er natürlich außer sich. Trotzdem gelang es mir, mich gegen ihn durchzusetzen. Allerdings versagte er mir jede finanzielle Unterstützung und bestand auf einer Hochzeit. Also heirateten wir an einem Novembertag in Innsbruck – ich im geliehenen Hochzeitskleid, Walther in einem blauen Anzug, den ihm meine Mutter gekauft hatte, denn Geld hatten wir ja so gut wie überhaupt keines.

Entsprechend unserer finanziellen Situation hausten wir auch. Wir lebten in der Nähe des Flughafens in einem winzigen Zim-

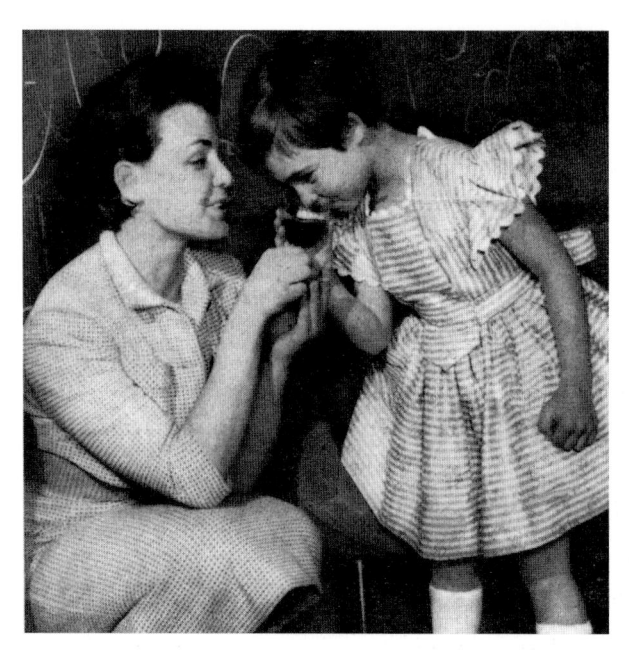

ERIKA REMBERG MIT TÖCHTERCHEN RONNI

mer mit WC, noch dazu bei einer ausgesprochen bösen Wirtin. Im Mai 1950 kam schließlich unsere zauberhafte Tochter Veronika, »Ronni«, zur Welt. Die ersten Monate konnte ich Ronni selbst stillen. Das war insofern ein Glück, als wir für Milch kein Geld gehabt hätten. Meine Eltern unterstützten uns nach wie vor nicht, daher waren wir wirklich bettelarm. Daran änderte sich auch nichts, als Walther seine ersten Rollen am Landestheater Innsbruck übernahm. Ich erinnere mich noch, daß ich in jener Zeit oft morgens, bevor er zur Probe ging, rasch aus dem Haus lief, drei Zigaretten der Marke Austria 3 kaufte und sie ihm zusteckte.

Manchmal kam Walther mittags nach Hause, dann aßen wir zusammen eine höchst bescheidene Mahlzeit. Es kam aber auch vor, daß er nicht erschien. Auch nachts nicht. Es wird wohl damals einige andere Frauen gegeben haben, die nicht nur seine

Schönheit, sondern auch seine ungeheure erotische Ausstrahlung zu schätzen wußten.

Später zogen wir in das kleine Haus meiner Großmutter am Stadtrand von Innsbruck. Es war ein Haus ohne jeden Komfort, mit Plumpsklo und einem Brunnen im Hof, von dem ich Wasser zum Kochen und Windelwaschen holte.

Unser Leben veränderte sich mit einem Schlag, als ich das erste Filmangebot erhielt. Meine Gage für den »Geigenmacher von Mittenwald« betrug fünftausend Schilling. Das war eine horrende Summe, wenn man bedenkt, daß Walther damals am Theater fünfhundert Schilling im Monat verdiente. Der Wermutstropfen bestand darin, daß ich Innsbruck zum Drehen drei Monate verlassen mußte. Walther war strikt dagegen, daß ich so lange von zu Hause weg sein sollte. Trotzdem gelang es uns schließlich, auch diese Hürde zu meistern. Walthers Schwester Maria zog mit ihren beiden Kindern bei uns ein und betreute Ronni. Walther hingegen kehrte aus Platzmangel wieder zu seinen Eltern zurück. Zu Omale und Opale, die ich als zwei wunderbare, liebevolle, herzliche Menschen schätzen gelernt hatte. Besonders Opale bezauberte durch Witz, Charme und Humor.

Bei meinem nächsten Filmangebot, »Drei Kavaliere«, kamen wir nicht mehr so glimpflich davon. Diesmal winkte mir eine Gage von zwanzigtausend Schilling – und die konnte ich einfach nicht ausschlagen. Genaugenommen bedeutete dieser Film das Ende unserer Ehe. Ich übersiedelte nach München, in die Nähe der Bavaria-Studios. Walther hingegen wurde nach Graz engagiert, als jugendlicher Held und Liebhaber. So sahen wir uns immer seltener. Walther besuchte mich zwar noch einige Male in München, aber es zeigte sich, daß unsere Ehe nicht mehr aufrechtzuerhalten war. Wir einigten uns auf eine einfache Scheidung, ohne Streit und Krach. Also nahmen wir uns einen Anwalt in Innsbruck und traten einig – ich verzichtete auf Alimente – und in perfekter Harmonie vor den Richter, der nicht so recht wußte, ob es sich nun um eine Scheidung oder um eine Eheschließung handelte. Und weil es keinen Scheidungsgrund gab, mußte einer erfunden werden. Unser Anwalt riet uns dazu, unseren Scheidungsgrund Makau zu nennen, was auf brasilianisch Affe bedeutet. Also nannten wir uns gegenseitig folgsam Makau und wurden geschieden.

Diese Scheidung hat nie dazu geführt, daß wir uns aus den Augen verloren hätten. Wir blieben gute Freunde. Zu Ronnis Hochzeit luden wir natürlich ihren Vater ein. Er erschien auch wirklich – und war selbstverständlich der Mittelpunkt des Geschehens. Alles scharte sich um den inzwischen berühmt gewordenen Burgschauspieler, und das Brautpaar war plötzlich nicht mehr wichtig. So war es wohl immer in Walthers Leben.

Ich habe beim Film eine sehr schöne Karriere gemacht. Ich hatte Rollen in Publikumshits wie »Kaiserjäger«, »Schloß in Tirol«, »Die unentschuldigte Stunde«, »Drei weiße Birken« und »So viel nackte Zärtlichkeit«. Später habe ich noch mehrmals geheiratet. So ein starkes und inniges Verhältnis wie zu Walther habe ich aber nie mehr erlebt. Walther ist immer mein liebster Freund geblieben. Er war meine ganz große Liebe, daran hat sich nie etwas geändert. Auch nicht, als er später noch dreimal heiratete, zuerst die Schauspielerin Gretl Elb in Graz, dann die entzückende Claudia, die ihm vier wunderschöne Kinder schenkte. Ihre Tochter Cordula lebte als Model lange bei mir in Los Angeles und wurde so etwas

MACHTE KARRIERE BEIM FILM: ERIKA REMBERG

Es fügte sich so ...

wie eine zweite Tochter für mich. Und schließlich Angela, die Walther in Las Vegas heiratete. Als er mit ihr von dort als Ehepaar zurückkam, fragte ich nach den Hochzeitsfotos. Es gäbe keine, sagte er; da machte ich sie. Angela ist mir immer mehr ans Herz gewachsen.

Daß ich zu Walthers Beerdigung nicht kommen konnte, tut mir sehr leid. Mein Mann war damals schwer erkrankt. Aber auch wenn ich Walther auf diesem letzten Weg nicht begleiten konnte, steht fest: Ich liebte ihn sehr.

Mit einem Schlag in den Himmel gehoben – Graz

Ich erlebte es als meine erste künstlerische Erfüllung, als ich 1952 nach Graz engagiert wurde. Jetzt stieg ich zu den großen klassischen Rollen auf. Zu Clavigo, Melchthal, Prinz von Homburg, Don Carlos und Romeo. Publikum und Presse schlossen mich von Anfang an ins Herz. Die Zeitungen bezeichneten mich als Brausekopf und Romantiker, als Naturburschen und Beau, als Tiroler Dickschädel, dem das Temperament nicht nur auf der Bühne durchgehe wie einem rassigen Rappen-Doppelgespann. »Er kommt unwahrscheinlich an beim Publikum«, konnte man in der Zeitung lesen. »Er kriegt Wäschekörbe voll Anhimmelungsbriefen. Mehr als andere Schauspieler während ihrer ganzen Laufbahn.«

Während der Proben zu Carlo Goldonis »Diener zweier Herren« verletzte ich mich. Ich erlitt einen Bauchmuskelriß und fiel aus. Statt mich aber ins Bett zu legen und auszukurieren, nützte ich die freie Zeit, setzte mich in den Zug und fuhr nach Innsbruck. Das Theater wollte für die Zeit meines Ausfalls einen Schweizer Schauspieler engagieren. Als ich einige Tage später wieder mit dem Zug nach Graz zurückkam, in dem ich übrigens heftig mit einer jungen Dame geflirtet hatte, wurde mir die fristlose Entlassung präsentiert. Ich war außer mir. In aller Eile wandte ich mich an die Künstlergewerkschaft. Dort wurde mir erklärt, ich hätte Graz im Krankenstand nicht verlassen dürfen, man sagte mir aber trotzdem Hilfe zu.

Bei den ohne mich weiterlaufenden Proben sollte sich herausstellen, daß Regisseur Ernst Therwal mit dem neuen Schauspieler nichts anfangen konnte. Und so schickte er seinen Inspizienten nach mir aus. Der holte mich bei strömendem Regen auf dem Soziussitz seines Mopeds zurück ins Theater.

Die fristlose Entlassung wurde unter der Bedingung aufgehoben, daß ich die Kosten für den Ersatzschauspieler übernahm. Das traf mich zwar hart, aber ich akzeptierte. Und ich spielte. Bei der Premiere saß mein Zugsflirt im Parkett – daraus entspann sich eine Freundschaft, die ein Leben lang angehalten hat, die Freundschaft zu Reni Clausen, der Mutter der Burgschauspielerin Andrea Clausen.

Meine nächste Rolle war der Melchthal in Friedrich Schillers »Wilhelm Tell«. Nach der Premiere ließ mich der Intendant, Viktor Pruscha, ein wohlbeleibter, hochmusikalischer Mann, der im Gegensatz zu seiner Leibesfülle eine eher dünne Stimme besaß, zu sich rufen. Ich ging mit sehr gemischten Gefühlen in die Direktion. Hatten doch manche meinen kleinen Ausflug nach Innsbruck noch nicht ganz vergessen. Um so überraschter war ich, als er sagte: »Reyer, weilst als Melchthal so gut warst, brauchst nichts mehr zahlen!« Mir fielen Steine vom Herzen, denn immerhin hatte ich ja auch noch Alimente zu leisten.

Mein Leben in Graz war ziemlich unbeschwert, ein bißchen fühlte ich mich immer an Joseph von Eichendorffs »Aus dem Leben eines Taugenichts« erinnert. Da war eine verwandte Art des Denkens und Fühlens. Ein fragloses, liebendes, dem Augenblick

IN GRAZ: UMSCHWÄRMTER PUBLIKUMSLIEBLING

und dem Schönen Überlassensein. Ein träumendes Wandern, ein Müßiggang, ein Spiel mit den Launen der Phantasie.

Für die Bühne traf diese Einstellung allerdings nicht zu. Anders als in Innsbruck war ich in Graz schon viel professioneller. Es brachte mich nicht einmal aus der Fassung, wenn jetzt berühmte Theatergrößen anreisten, um mich spielen zu sehen. Als es eines Tages hieß, Adrienne Gessner und Ernst Lothar würden unten im Publikum sitzen, um mich in »Colombe« von Jean Anouilh zu sehen, meinte ich nur: »Na und?« – und spielte den braven, sauberen Julien wie immer. Inzwischen war ich es eben schon gewöhnt, berühmt zu sein.

Auf »Colombe« hin bekam ich jede Menge von Angeboten und Einladungen zum Vorsprechen. Aus Wien reisten Ernst Haeusserman, damals Direktor des Theaters in der Josefstadt, und Erhard Buschbeck an, der jahrzehntelange Motor des Burgtheaters. Mit Haeusserman schloß ich einen Halbjahresvertrag für die Josefstadt. Danach pendelte ich ein halbes Jahr lang zwischen Graz und Wien. An der Josefstadt spielte ich in Marcel Maurettes Melodrama »Anastasia«. In dem Stück um das Wiederauftauchen der jüngsten Tochter des letzten Zaren in Berlin begeisterten vor allem Hilde Krahl und Helene Thimig das Publikum. Meine Rolle gab mir leider keine Möglichkeit für einen wirklich glanzvollen Start in Wien. Ein Kritiker meinte: »Auch der vielfach angekündigte Walther Reyer zeigt in einer farblosen Rolle weniger, als nötig gewesen wäre. Er sieht gut aus, eines Urteils wollen wir uns noch enthalten.« Für mich selbst bedeutete allein schon die Gelegenheit, mit den beiden großen Künstlerinnen Krahl und Thimig auf der Bühne stehen zu dürfen, ein überwältigendes Glück.

Gewohnt habe ich in Graz in einem winzigen Zimmer, das aber vor der Tür eine eigene Klingel hatte. Wenn man aus dem Bett stieg, konnte man etwas aufklappen und als Tisch verwenden, das war ein Teil vom Fenster. Dusche habe ich keine gehabt, dafür war das Zimmer sturmfrei. Doch zu Hause war ich ohnehin nicht oft. Der Regisseur Harald Benesch sah sich einmal gezwungen, zu den Kollegen zu sagen: »Der Reyer zieht in der Nacht von einem Lokal zum anderen. Paßt's auf ihn auf!« Daraufhin habe ich zu ihm gesagt: »Komm, setz dich her, trink einen Schnaps!« Das Ergebnis war, daß er blau war und ich nicht.

In Graz war Gretl Elb der absolute Publikumsliebling. Die beste Schauspielerin, die man sich vorstellen kann, und der gutherzigste Mensch, der mir je begegnet ist. Gretl Elb war die Tochter einer Schauspielerin, sie mußte aber im Waisenhaus aufwachsen. Mit achtzehn entschloß sie sich, zum Theater zu gehen. Ohne Ausbildung sprach sie bei einer Wiener Agentur vor – das Gretchen aus Goethes »Faust« – und wurde genommen. Über Engagements in Brünn und Prag war sie nach Graz gekommen. Wir hatten uns auf Anhieb ineinander verliebt und heirateten schließlich. Durch sie bin ich ein ernsthafter Mensch geworden.

Vom Theater in der Josefstadt erhielt ich ein Angebot. Man wollte nach »Anastasia« meinen Halbjahresvertrag verlängern. Der Abschied von Graz, Ende der Saison 1954, verlief stürmisch. Nach der letzten Vorstellung von Shakespeares »Romeo und Julia« mußte ich zwanzig Mal vor den Vorhang. Als dann der eiserne Vorhang fiel, begann das Publikum erst recht zu toben und zu trampeln. Es war nicht einmal durch die totale Lichtabschaltung im gesamten Theater zu beruhigen. Schließlich trat der Dramaturg todesmutig vor den eisernen Vorhang und erklärte, ich würde meine Fans beim Bühnentürl erwarten. Innerhalb weniger Minuten tummelten sich dort mehr Backfische als in sämtlichen Weltmeeren. Der Grazer Polizei gelang es dennoch, mich durch ein geschicktes Manöver in Sicherheit zu bringen.

Schauspielerin Gretl Elb:
»Ich verliebte mich in die Nervensäge. Wir heirateten.«

Ich war in Graz schon etabliert, als Walther Reyer 1952 an unser Theater engagiert wurde. Wie es halt so ist beim Theater, wurde über ihn schon lange geredet, bevor er ankam. »Paß auf, jetzt kommt der Reyer«, sagten die Kollegen verheißungsvoll. Das machte mich irgendwie neugierig. Als ich dann einmal zur Probe kam, war es soweit: »Gretl, der Neue ist da«, hieß es, »du wirst schauen!« – »Warum soll ich schauen?« habe ich gefragt. »Na ja«, haben sie geantwortet, »er ist in seiner Eigenart ein bißchen schwierig.«

Tatsächlich war Walther Reyer damals eine Nervensäge. Laut, oberflächlich, eitel, immer in irgendwelchen Beiseln, aber trotzdem im Grunde genommen ein Einzelgänger. Warum es so gekommen ist, weiß ich nicht, aber wir haben uns auf Anhieb furchtbar ineinander verliebt.

Praktisch war das für mich nicht, denn ich war zu dieser Zeit noch verheiratet. Mit einem rumänischen Schauspieler, den ich in Prag kennengelernt hatte. Walther bestand darauf, daß ich mich so schnell wie möglich scheiden ließ, dann heirateten wir, in kleinstem Kreis. Ich weiß nicht einmal mehr, wer unsere Trauzeugen waren. Einer besaß aber ein Auto, deshalb konnten wir nach der Trauung auch aus der Stadt hinausfahren und irgendwo in der Nähe Backhendln essen.

Es fügte sich so ...

Ich habe nach der Hochzeit darauf geachtet, daß Walther ernsthafter wurde. »Schau«, sagte ich, »du siehst gut aus, und du spielst hervorragend. Hör doch auf, immer in den Beiseln herumzusitzen.« Da ist er dann ein bißchen ruhiger geworden. Er hat ganz genau gespürt, daß ich ihm helfen konnte, beruflich und privat. In Graz war ich sicher ein Halt für ihn. Später hat er mich dann nicht mehr so gebraucht.

Sein Temperament ging oft mit ihm durch. Ich erinnere mich daran, daß wir einmal zusammen mit meinem schwarzen Pinscher Rosl in der Grazer Herrengasse spazierengegangen sind. Plötzlich und vollkommen unvermittelt fing der Walther laut zu singen an: »Das ist die Rosl, die Rosl, von der Gretl Elb ...« Alle Leute blieben stehen und schauten, aber er sang unbeirrt weiter.

Walther wurde dann nach Wien engagiert, ich folgte ihm ans Theater in der Josefstadt. Das war eine hektische Zeit, ein Termin jagte den anderen, Wien, München, Berlin, wir arbeiteten wie die Wilden, lebten praktisch nur im Theater. Nach den Vorstellungen trafen wir uns oft im Zwölf-Apostel-Keller. Als wir dort einmal von anderen Künstlern hörten, was in Wien so alles gespielt wurde, seufzten wir unisono: »Ins Theater müßte man gehen können – als Zuschauer!«

Ich besaß damals einen weißen Peugeot. Walther hat sich ja immer geweigert, den Führerschein zu machen, also mußte ich ihn chauffieren. In dieser Beziehung war er recht besitzergreifend. Wenn er nach Berlin oder München mußte, hatte ich ihn dorthin zu bringen. Er stieg gleich von vornherein hinten ein, legte sich auf die Rückbank und schnarchte innerhalb weniger Minuten, während ich fahren mußte. Einmal, während so einer Nachtfahrt nach Berlin, blieb ich in Wels am Hauptplatz stehen

GRETL ELB MIT WALTHER REYER: »HOFFENTLICH SCHMECKT'S!«

Es fügte sich so ...

und schlief auch ein paar Stunden. Das ist ihm aber nicht einmal aufgefallen.

Unvergessen ist natürlich auch für mich die Schreckensnacht des Weihnachtsabends von 1958. Ich war mit dem Auto zum Flughafen gekommen, um Walther abzuholen, der in Berlin an der Synchronisation des Films »Der Tiger von Eschnapur« gearbeitet hatte. Von der Straße aus sah ich, wie das Flugzeug im Landeanflug immer näher kam und dann plötzlich ein Licht aufblitzte. Der Flughafen war menschenleer. Ich wartete und wartete, dann entdeckte ich einen Postbeamten und fragte ihn nach der Maschine und den Passagieren. »Da kommt keiner mehr«, war seine lakonische Antwort. »Der Flieger ist abgestürzt.« Für mich brach eine Welt zusammen. Wie ich nach Hause gekommen bin, weiß ich nicht mehr. Aber als das Telefon läutete und Walther sich meldete, wußte ich, daß ein Wunder geschehen war.

Als wir beide im Matzleinsdorfer Hochhaus wohnten, begannen die weiblichen Fans unerträglich zu werden. Oft kam es vor, daß sie schon ab halb sechs Uhr früh vor dem Haustor standen. Das war auf lange Sicht nicht zu ertragen. Natürlich wird es ihm geschmeichelt haben, so umschwärmt zu sein, für mich war das aber kein Leben. Wenn ich ihn am Bühnentürl des Burgtheaters abholte, mußte er sich durch eine Traube von jungen Mädchen kämpfen, um zu unserem Auto zu gelangen. Ich stand da als Ehefrau immer irgendwie komisch da.

Oft ist es auch passiert, daß er mich einfach vergessen hat. Einmal rief er mich aus Salzburg an und sagte, ich solle ihn am nächsten Tag, die Festspiele waren zu Ende, abholen. Ich fuhr nach Salzburg – weit und breit kein Walther Reyer. Schließlich fand ich ihn etwas außerhalb der Stadt in einem Lokal, mit einer Dame. Das einzige, was ihm einfiel, als er mich sah, war: »Was machst denn du da?«

Ich erinnere mich auch an Dreharbeiten in München. Walther hatte tagsüber in den Studios zu tun, ich vertrieb mir die Zeit an der Isar. Ganz in meiner Nähe lauerte ständig ein junges Mädchen, offenbar schwer verliebt in Walther. Sie wartete immer, daß er endlich auftauchte und wir dann gemeinsam weggingen. Das Mädchen rückte von Tag zu Tag etwas näher an mich heran. Schließlich fragte sie mich: »Kann man sich mit Schokolade umbringen?« Ich sagte nur: »Probier's einmal, wirst schon sehen.«

Tatsache war, daß die vielen Weibergeschichten wirklich kaum auszuhalten waren. Frauen verfolgten ihn auf Schritt und Tritt. Jedesmal, wenn ich eines seiner Sakkos putzte, fielen mir Liebesbriefe in die Hände. Daß ich die Briefe manchmal las, hat er mir sehr übelgenommen. Einmal gab es einen handfesten Krach, weil ich ihm einen Brief geöffnet hinlegte, in dem ihn eine Enttäuschte oder Verlassene oder was weiß ich furchtbar beschimpfte: »Ihr Gesindel, Ihr Schauspieler, Ihr Komödianten, Ihr seid doch alle gleich!« Das hat ihm überhaupt nicht gepaßt.

Trotzdem: Als mich Walther 1959 um die Scheidung bat, weil er sich ernsthaft in Claudia verliebt hatte und sie heiraten wollte, war das ein schwerer Schlag für mich. Ich habe lange gebraucht, um ihn zu überwinden, aber jetzt bin ich darüber hinweg. Ich lebe in einem Wiener Pflegeheim der Caritas Socialis und fühle mich recht wohl. Manchmal denke ich, was für ein Glück, daß das alles so weit hinter mir liegt.

Spielen, spielen, spielen – Pendler zwischen Josefstadt und Burgtheater

Meine erste Spielzeit am Theater in der Josefstadt begann vielversprechend. Wolfgang Liebeneiner inszenierte die mit dem Pulitzerpreis ausgezeichnete Komödie »Picnic« von William Inge. Ich spielte den Jeff Carter, einen amerikanischen Pan in unserem Jahrhundert, der als Sinnbild der Männlichkeit in eine behütete amerikanische Kleinstadt einbricht und dort Verwüstungen in den Frauenherzen anrichtet. Der große Hans Weigel bezeichnete mich als »schauspielerisch ganz ausgezeichnet«, ein anderer Kritiker sagte nach der Premiere: »Das Wunder des Abends sind die jungen Schauspieler. Walther Reyer spielt den Mann mit vollendeter Kunst.«

Bei dieser Arbeit stand ich außer mit Adrienne Gessner und Nicole Heesters auch mit Guido Wieland auf der Bühne. Er war ein sehr schwieriger, liebenswerter Mensch, schrecklich abergläubisch und ständig auf der Suche nach Holz, um daraufzuklopfen. Er hat viel von gutem Essen verstanden, als Schauspieler war er hinreißend, in seiner Art unwiderstehlich. Aber sobald er jemanden nicht mochte, konnte er sehr unangenehm werden, direkt kläffend. Ich jedenfalls war glücklich, endlich neben solchen Größen auf der Bühne stehen zu können. Und als Hecht im weiblichen Karpfenteich von Kansas erntete ich höchstes Lob.

Es fügte sich so ...

In meiner ersten Zeit in Wien wohnte ich in der Fuchsthallergasse im 9. Bezirk. Meine Vermieterin war eine Ungarin namens Etelka von Elz. Ihr Mann war Kommandant im Ersten Weltkrieg gewesen, der »Verteidiger von Budapest«. Als aufrichtiger Bewunderer der strategischen Künste Napoleons hatte er ausgerechnet mein Zimmer nach dem kleingewachsenen Franzosen benannt. Das war natürlich ein schwerer Schlag für mich, den Tiroler. Etelkas hervorragendes ungarisches Essen tröstete mich aber über vieles hinweg. Nach einigen Monaten gab es allerdings Kostwechsel: Ich zog in die Schwarzingergasse im 2. Bezirk. Im Parterre des Hauses war ein jüdisches Restaurant untergebracht. Von da an bewegte ich mich im Duft von Tscholent mit Kigel und gefillte Fisch.

In »Picnic« wird der »Fernwehschrei des Zuges« beschrieben. Eine Sehnsucht, von der ich mich sehr stark angezogen fühlte. Denn mich hat es immer hinausgezogen. Ich war praktisch ständig unterwegs. Nach der Vorstellung bin ich sowieso nie gleich heimgegangen, und so oft ich konnte, fuhr ich hinaus aufs Land. Die Landschaft des Burgenlandes liebte ich über alles. Mich faszinierten die weiten Ebenen, die endlosen Schilflandschaften des Neusiedlersees, die blühenden Pfirsichbäume im Frühling und vielleicht auch die vielen Vögel, die alle so heißen wie ich.

Am Theater hatte ich in dieser Zeit mit einem ganz anderen Vogel zu tun. »Der Schwan« des 1952 im amerikanischen Exil verstorbenen Schriftstellers Franz Molnár stand auf dem Programm. Ich erinnere mich noch gut daran, wie der aus Baden-Baden kommende Regisseur Hannes Tannert einmal bei den Proben seine Anweisungen gab und Adrienne Gessner in vollkommener Ruhe und Bestimmtheit sagte: »Nein, das mache ich nicht.« Tannert

Spielen, spielen, spielen – Pendler zwischen Josefstadt und Burgtheater

WALTHER REYER MIT URSULA SCHULT IN »DER SCHWAN«, JOSEFSTADT 1955

mußte sich oft bei einem Viertel Wein in einem der umliegenden Beiseln von der selbstbewußten Schauspielerin erholen. Und ich dachte mir: So weit mußt du es bringen!

Nach der Premiere gerieten die Kritiker ins Schwärmen. »Der Schwan kann fliegen, aber er schwimmt in seichtem Gewässer. Er weiß ein Lied, aber er singt es nicht«, schrieb Hans Weigel. »Mit unendlicher Grazie und Eleganz ziert nun dieser Schwan den Josefstädter Frühling und bereitet ungetrübtes Vergnügen.« Ursula Schult, Adrienne Gessner, Anton Edthofer, Erich Nikowitz und Peter Weck faßten höchstes Lob aus. Und auch ich wurde hoch geehrt: »Walther Reyer wirkt unwiderstehlich, weil er darauf verzichtet, es bewußt zu sein. Er hat allen Reiz und Charme der Jugend und ist nicht nur darum liebhaberwert, weil Liebhaber heute Mangelware sind.«

Diese Worte taten mir wohl, aber Hans Weigel hatte auch einen sehr ernsten Punkt meiner Arbeit erkannt: Ich habe den Liebhaber im »Schwan« nicht gespielt, sondern ich war der Liebhaber. Ich habe später auch den »Jedermann« nicht gespielt. Ich war der Jedermann. »Das ist ein geistig Spiel«, heißt es dort. Das trifft vollkommen auf mich und meine Haltung dem Beruf gegenüber zu. Dazu kommt, daß ich der Prototyp des Homo ludens bin. Ich spiele immer und überall. Und sei es nur mit Worten. So habe ich auch mein Leben lang viel gelesen, war immer auf der Suche nach guten Sätzen, nach interessanten Formulierungen.

Die nächste Inszenierung an der Josefstadt schenkte mir eine der wichtigsten Begegnungen meines Lebens. In dem Stück »Die Verlorenen« des österreichischen Autors Hans Schubert stand ich zusammen mit Joana Maria Gorvin vom Schillertheater Berlin auf der Bühne. Zu der »Schauspielerin von Gottes Gnaden«, wie sie genannt wurde, verspürte ich eine echte, große, starke Zuneigung; ein Gefühl, wie ich es zuvor für Gretl Elb verspürt hatte.

Beim Publikum und bei der Kritik hatten »Die Verlorenen« keine Chance. Das Stück über die Leidenschaft der schottischen Königin Maria Stuart für den Grafen Bothwell wurde in der Luft zerrissen. »Josefstadt verliert Schottlandmatch«, titelte eine Zeitung. Andere würdigten die Gorvin: »Große Schauspielerin in schwachem Stück«; »Der Abend hieß Joana Maria Gorvin«.

Als bekannt wurde, daß ich nach der Saison von 1954/55 ans Burgtheater gehen würde, reagierten die Zeitungen für heutige Begriffe sehr spitz. »Walther Reyer, der im Theater in der Josefstadt zuletzt in Molnárs ›Schwan‹ und in Hans Schuberts ›Verlorenen‹

WALTHER REYER MIT JOANA MARIA GORVIN IN
»DIE VERLORENEN«, JOSEFSTADT 1955

großen Erfolg hatte, tritt mit Beginn der Saison in den Verband des Burgtheaters ein. Hoffen wir, daß nicht auch er dem Geheimratsstil des Burgtheaters zum Opfer fällt, sondern gemeinsam mit anderen die erwartete Auffrischung bedeutet, die das Haus so nötig hat.« Ich glaube sagen zu dürfen, daß ich diesem Wunsch nachgekommen bin.

Mein Eintritt in das Ensemble des Burgtheaters fiel mit der Wiedereröffnung des Hauses am Ring zusammen. Seit dem Kriegsende hatte bisher das Ronacher als Asylquartier gedient. Ich empfinde es noch heute als große Ehre, den feierlichen Staatsakt zur Wiedereröffnung am 14. September 1955 miterlebt haben zu dürfen. Das gesamte Ensemble, alle diese wunderbaren, großen Schauspieler, saßen in Reihen goldener Stühle auf der Bühne: Heinz Moog, Hedwig Bleibtreu, Alma Seidler, Inge Konradi, Hans Thimig, Richard Eybner, Robert Lindner, Alexander Trojan. Ich als Neuling hatte in meinem geliehenen Frack in den hinteren Reihen Platz genommen.

Ein kleiner Schatten vom Glanz dieser Wiedereröffnung fiel auch auf das Akademietheater, dessen Programmhefte neu gestaltet worden waren. Sie waren jetzt zwar viel hübscher als zuvor, aber sie hatten ihre Schönheitsfehler. So hieß ich im Programmheft zu Jean Giraudoux' »Amphitryon 38« Walter Leyer. Gekränkt hat mich das nicht, schließlich hat ein ähnliches Schicksal auch auf höchster Ebene gewütet: Jupiter hieß plötzlich Zeus.

Giraudoux hatte, bevor er seine Komödie um Jupiter und dessen Liebe zur schönen Erdendame Alkmene schrieb, alle Werke durchgezählt, die zuvor zu diesem Thema verfaßt worden waren. Dabei kam er auf siebenunddreißig Bearbeitungen, folglich nannte er sein Stück »Amphitryon 38«. Und dieser »Thebanische Krieg um Susi Nicoletti«, wie es in einer Theaterkritik hieß, war mein erstes Stück im neuen Engagement.

Susi Nicoletti war die Rolle der Alkmene auf den Leib geschrieben. Sie verbreitete Charme und erfrischenden Humor, verlieh der Aufführung heitere Aspekte und ließ doch, fast als Ahnung, den Ernst der Figur durchblicken. Ich fühlte mich als verliebter Beau in der Rolle des Amphitryon wohl. Das fiel auch der Presse auf. Sie bezeichnete mich nach der Premiere als »eindrucksvollen

TITELROLLE IN »AMPHITRYON 38«, AKADEMIETHEATER 1955

irdischen Feschak«. Ein Rezensent kam sogar zu dem für mich erfreulichen Schluß: »Herr Reyer ist bestimmt eine sehr brauchbare Akquisition des Burgtheaters.«

Nach der Premiere von »Amphitryon 38«, also um die Jahreswende 1955/1956, begann mein Leben hektischer zu werden. Da standen zunächst täglich vier Stunden Proben für Carl Zuckmayers »Das kalte Licht« auf meinem Terminplan, daneben arbeitete ich für meine nächste große Rolle am Burgtheater, den König Alphons in Franz Grillparzers »Jüdin von Toledo«; dazu kamen einige Drehtage für den Mayerling-Film und für »Sissi« sowie die Vorbereitungen für den Sommer – ich sollte bei den Salzburger Festspielen den Guten Gesellen im »Jedermann« spielen, außerdem den Ferdinand in Goethes Trauerspiel »Egmont«. »Der Reyer kommt immer von irgendwo dahergeflogen«, hieß es. Aber ich war in meinem Element: unterwegs! Plötzlich war ich ein vielbeschäftigter Schauspieler. Einfach herrlich!

Niemand kann sich vorstellen, wie viel es mir bedeutete, endlich am Burgtheater zu spielen; alle diese berühmten Kollegen um mich zu haben, die noch dazu ausgesprochen charmant zu mir waren. Ich träumte von den ganz großen Rollen. Endlich würde ich auf dieser einzigartigen Bühne als Don Carlos stehen können, als Romeo und Prinz von Homburg. Das lang Ersehnte würde wahr werden. Zu Beginn bekam ich einige sehr anspruchsvolle Rollen zugewiesen, in denen es galt, ein markantes Charakterbild herauszuarbeiten.

Meine Rolle in Zuckmayers »Kaltem Licht« war eine Herausforderung, die mich von Anfang an fesselte. In der Figur des Kristof Wolters war ein Mann darzustellen, der eine Entwicklung durchmacht, der für seine Weltanschauung kämpft, der bemüht

IN DER ROLLE DES KRISTOF WOLTERS IN »DAS KALTE LICHT« MIT ATTILA HÖRBIGER,
BURGTHEATER 1956

Es fügte sich so ...

ist, der Wahrheit nachzuspüren und seinen Weg zu finden. Das erschien mir wesentlich: daß einer sich nicht bequem treiben läßt, sondern sich diesem inneren Kampf stellt.

Daß ich tatsächlich eine »gute Akquisition« für das Burgtheater war, konnte ich, so meine ich, am Aschermittwoch des Jahres 1956 beweisen. An diesem Tag ging das »Kalte Licht« in Anwesenheit des Autors in Szene. Das Stück um herzlose Wissenschaft, menschenfeindliche Politik und Atomspionage rief zwiespältige Reaktionen hervor. »Vier Stunden Langeweile«, monierte ein Kritiker bezüglich der »Flamme, die nicht wärmt«. »Die Darsteller hatten einen großen Abend«, lobte hingegen ein anderer. Ich kam in der Hauptrolle des Kristof Wolters gut an: »Unter den Darstellern hatte den Hauptanteil Walther Reyer, der damit zum erstenmal im großen Haus erschien. Seine nervös-sensible, zugleich zynische und weichliche Art wurde der Gestalt des zwischen zwei Fronten stehenden jungen Atomforschers ausgezeichnet gerecht.« Der Abend hielt für das Publikum noch eine freudige Überraschung bereit: Judith Holzmeister stand frisch erblondet auf der Bühne – so etwas erregte damals noch die Gemüter.

In die stolze Reihe der Heldendarsteller des klassischen Fachs rückte ich als König Alphons in der »Jüdin von Toledo« ein. Franz Grillparzer hatte sein schwierigstes Stück jahrzehntelang in der Schreibtischlade versteckt gehalten. Es tauchte erst gemeinsam mit »Libussa« und dem »Bruderzwist in Habsburg« nach seinem Tod auf. Josef Kainz hat das Trauerspiel um König Alphons, der bei der Jüdin Rahel die Erfahrung einer Liebe macht, die so ganz anders ist als die seiner prüden und daher langweiligen Königin, wiederentdeckt. Die Berliner und später auch die Wiener jubelten ihm zu, wenn sie auch mit dem »guten König« einer Meinung

ENDLICH EIN KLASSISCHER HELD: ALS KÖNIG ALPHONS IN DER »JÜDIN VON TOLEDO«, BURGTHEATER 1956

gewesen sein mochten, man »ahne, vor etwas Großem zu stehen«, aber es bleibe doch »alles darin etwas rätselhaft«. Josef Kainz schrieb später einmal über diese Rolle, man dürfe über den König nicht viel nachdenken, man müsse ihn einfach spielen. Daran hielt ich mich.

Bei einer Probe kam es zu einem kleinen Vorfall, der mir lange nachhängen sollte. Regisseur Ernst Lothar wollte mein Spiel ein wenig korrigieren, ich aber setzte das nicht sofort um. Lothar wiederholte seine Anweisungen, da drehte ich mich zu ihm und sagte mit tragender Stimme: »Reizen Sie mich nicht!« Dieser Satz war dann für lange Zeit ein beliebtes Stichwort bei den Burgtheaterproben.

Knapp vor der Premiere zur »Jüdin von Toledo« erkrankte Ernst Lothar an einer schweren Grippe. Zuerst schickte er seine Regieanweisungen noch schriftlich vom Bett aus ans Burgtheater. Als sich sein Zustand aber nicht und nicht besserte, sprangen Hermann Thimig, der streng, groß und ungerecht die Rolle des Isaak verkörperte, und Direktor Fred Hennings für die Regie ein. Unsere »Jüdin von Toledo« hatte also drei Väter. Geschadet hat ihr das nicht. Vor allem faszinierte Annemarie Düringer, die mit der Rolle der Rahel nach längerer Abwesenheit ans Burgtheater zurückgekehrt war. Sie hatte zuvor beim deutschen Film den Aufstieg zu einem gefragten Star geschafft. Mich riefen die Zuschauer im vollbesetzten Haus achtmal vor den Vorhang – als Debutant hatte ich mich allein zu verbeugen.

Daß es ein Schauspieler mit seinem Publikum nicht immer ganz einfach hat, ist unbestritten. Er kann ausgebuht oder ausgepfiffen werden. Ich wurde bei dieser Premiere ausgekichert; noch dazu in Anwesenheit von Kritikern. Friedrich Torberg hat alles gehört und genüßlich ausgeschlachtet: »Als Walther Reyer in der Rolle des jungen Spanierkönigs Alphons sich am Beginn seines Liebeswerbens einen ›Neuling in dergleichen Dingen‹ nannte, erklang aus dem dicht gefüllten Stehparterre zahlreiches Gekicher von seiten der weiblichen Besucher. Die scheinen etwas auf ihn zu wissen.« Diese Zeilen sind mir lange nachgegangen. Aber zum Glück hat viele Zeitungleser auch interessiert, was Torberg über meine schauspielerischen Fähigkeiten zu sagen hatte: »Wir unsererseits können nur feststellen, daß er zumindest in Theaterdingen bei weitem kein Neuling mehr ist, sondern neuerdings enorme Fortschritte gemacht hat und dem Wunschbild eines jugendlichen Helden schon heute besser (und sympathischer) entspricht als die meisten der selbstgefälligen Schreihälse, die sich in diesem Fach betätigen. (Bisweilen, in seinen Abgängen zumal, schleudert's ihm den Kopf noch allzu königlich in den Nacken, aber das gibt sich bei längerem Regieren.) Der gestrige Abend gehörte ihm, fast noch deutlicher, als seiner Rolle das Stück gehört.«

Direktor Erhard Buschbeck kam einen Tag nach der Premiere zu mir. Er rauchte wie immer seine Virginia und sagte: »Gestern haben Sie sich das Burgtheater im Sturm erobert!«

Trotz aller Erfolge kündigte ich Mitte des Jahres 1956 meinen Dreijahresvertrag mit dem Burgtheater und kehrte ans Theater in der Josefstadt zurück. Das erregte Aufsehen. Die Kritik unterstellte mir unangebrachte Allüren. Das hörte sich dann beispielsweise folgendermaßen an: »Es paßt zum Trotzkopf des Künstlers, daß er nach einigen schönen Rollen am Burgtheater sich als ›nicht genügend beschäftigt‹ empfand und vom Burgtheater – man denke: vom berühmtesten Sprechtheater Europas, an dem zu spielen eine der höchsten Anerkennungen bedeutet, die einem Darsteller überhaupt zuteil werden können – wegging. Einfach kündigte! Ja, so ist er, der Reyer, der Dickschädel!«

Meine Rückkehr an die Josefstadt hatte aber mit meinem Tiroler Dickschädel nichts zu tun. Eher mit der Verbundenheit zu meiner damaligen Frau Gretl Elb. Sie lebte ja weiterhin in Graz, und wir konnten uns nur sehen, wenn einer von uns in den Zug stieg. Also sagte ich der Josefstadt unter der Bedingung zu, daß auch Gretl Elb dort engagiert werden sollte. So geschah es. Ab dem Sommer 1956 wollten wir gemeinsam im selben Theater spielen.

Die Presse akzeptierte diesen Entschluß nur widerstrebend. Nach der Premiere der »Jüdin von Toledo« schrieb ein Kritiker: »Walther Reyer ist jeder Zoll ein König, dieser König, so liebenswert und packend in jeder einzelnen Phase des Verfallenseins, der Gewissensnot und Gewissensgröße, daß man nicht begreift, wie das Burgtheater auf die unersetzliche Eigenart dieses Künstlers wieder verzichten zu können glaubt.«

Aber noch mußte das Publikum des Burgtheaters auf mich nicht verzichten. Für den 26. Mai 1956 war die Premiere von William Shakespeares Komödie »Maß für Maß« angesetzt. Diese Inszenierung war ein voller Erfolg. Das Bühnenbild bestand aus einer riesigen Drehscheibe, auf der eine ganze Stadt mit Straßen, Plätzen, Klöstern, einer Residenz, einem Puff und einem Kerker nachgebaut war. Der Hintergrund zeigte eine Stadtansicht des alten Wien – »Maß für Maß« spielt ja bekanntlich in unserer Hauptstadt. Regie führte Leopold Lindtberg, der seit seiner Emigration in die Schweiz am Zürcher Schauspielhaus wirkte, aber ständiger Gastregisseur des Burgtheaters war. Er hatte uns in Hochform gebracht.

Spielen, spielen, spielen – Pendler zwischen Josefstadt und Burgtheater

Attila Hörbiger spielte den Herzog, der das Regieren seinem Statthalter überläßt und sich, als Harun al Raschid verkleidet, unter das Volk mischt, mit herrlicher Einfachheit und beglückender seelischer Wärme. Fred Liewehr zeigte sich von einer neuen Seite, nämlich als sympathisch-frecher wienerischer Schwadroneur, Hermann Thimig war als resoluter Bierzapfer ein wahres Vergnügen, und ich hatte, darf man der Presse glauben, als zum Tode verurteilter Mädchenschänder »ausgezeichnete Augenblicke«.

Anfang Juni wurde Friedrich Schillers »Don Karlos« (man hatte sich auf Don Karlos mit »K« festgelegt), das Glanzstück der Burgtheatereröffnung im Vorjahr, als Festwochenaufführung wiederaufgenommen. Das Burgtheater hatte zu dieser Zeit mit seinen Don-Karlos-Darstellern ausgesprochenes Pech. Der eine, Heinrich Schweiger, ging, weil er die Rolle nicht spielen durfte. Der andere, Oskar Werner, ging, nachdem er sie hinreißend gespielt hatte. Und ich sollte bald gehen, weil es mich in die Josefstadt zog. In die Inszenierung von Josef Gielen geriet ich folglich ein wenig überstürzt. Das wurde auch sofort registriert: »Walther Reyer spielt nicht die Tragödie des Exaltierten, Gefährdeten, er spielt nicht die Tragödie der Einsamkeit, der Liebe, der Freiheit, der Nachfolge, er spielt die Tragödie des Schauspielers, der zu wenig Proben hatte.«

Tatsächlich ging bei dieser Festwochenaufführung einiges schief. Es klappte nicht mit dem Vorhang, nicht mit dem Licht und nicht mit der Dekoration. Was im Vorjahr wochenlang geprobt worden war, mußte jetzt oft improvisiert werden. Werner Krauß hatte sich eine böse Wunde an der Hand zugezogen und wurde von heftigen Schmerzen geplagt. So mußte er seine Rolle als König Philipp, die er seit dem vorigen Oktober rund siebzigmal gespielt hatte, vollkommen neu gestalten.

Es fügte sich so ...

Der ständige Wechsel in der Besetzung der Hauptrolle hatte der Inszenierung ziemlich geschadet. Ich war ein so anderer Charakter als Oskar Werner, es war höchst problematisch, mich einfach an seine Stelle zu setzen. Direkte Vergleiche wurden jeweils einem von uns beiden nicht gerecht: »Der neue Don Karlos des Burgtheaters ist ein Schiller-Held, wie man es sich wünscht: leidenschaftlich, männlich, voll Spannung. Bei Oskar Werner glitt die Gestalt in Hamlet-Nähe«, hieß es da zum Beispiel. Trotz allem fand das Publikum die Aufführung großartig. Ich erntete gemeinsam mit den verläßlichen Stützen des Burgtheaters, Werner Krauß, Eva Katharina Schultz, Elisabeth Höbarth, Stefan Skodler, Hans Thimig und Raoul Aslan, lebhaften Beifall.

Den Sommer 1956 verbrachte ich zum ersten Mal in Salzburg. Inmitten dieser Heerschau der schauspielerischen Prominenz deutscher Sprache spielte ich bei den Festspielen den Guten Gesellen im »Jedermann« und den Ferdinand in Ernst Lothars »Egmont«-Inszenierung. Der große Hans Weigel lobte mich wieder einmal: »Walther Reyer bot eine bemerkenswerte Probe seiner Gabe, verhaltene Leidenschaft darzustellen.«

Am Burgtheater inszenierte inzwischen Leopold Lindtberg Friedrich Schillers Drama »Maria Stuart«. Diese Aufführung geriet zu einem vornehmen, eleganten, feierlichen Fest des klassischen Theaters. Paula Wessely gab die Maria Stuart. Ihr gelang es mit jeder Handbewegung, mit jedem Ton und jedem Blick zu erschüttern, aufzuwühlen und zu entflammen. Tief beeindruckt hat mich ihre Art, die jeweils entsprechende Tonlage zu finden. Tief versunken in die Sprache übte sie so lange ein einziges Wort, bis sie zufrieden war. Käthe Dorsch bewies als Elisabeth, daß sie eine der größten Darstellerinnen der deutschen Bühne war. Ich war der

GLANZROLLE: DON KARLOS, BURGTHEATER 1956

Es fügte sich so ...

von jugendlicher Leidenschaft und Kraft erfüllte Mortimer, eine Rolle, in der ich mich voll und ganz zu Hause fühlte. »Welch gedecktes Feuer«, jubelte der Kritiker Friedrich Luft nach der Premiere. »Das war der glühendste Mortimer, den wir je erlebten!«

Mit »Maria Stuart« hatte das Burgtheater seine alte Hochform wiedererlangt. Das Publikum jubelte, seine Begeisterung entlud sich in Beifall, der mehrmals bei offener Szene ausbrach oder zwei Aktpausen fast gänzlich ausfüllte. Es klingt so eitel, aber das sind eben Tatsachen, die einen später, in der Erinnerung, noch mehr freuen. Da war der Tod des Mortimer. Er setzt sich den Dolch an die Brust und spricht: »Maria, Heilige, bitt für mich!« Mortimer stirbt. Der Vorhang fällt. Applaus. Schreien. Applaus, Applaus. Schreien, bis der Vorhang wieder aufgeht.

Nach der Vorstellung drängte sich die theaterbegeisterte Jugend vor dem Bühnentürl, und die Kritiker waren nicht nur zufrieden, sondern dankbar: »Wie schön, daß es das alles wieder gibt. Wir danken unserem Burgtheater, wir danken Leopold Lindtberg. Glückliches Burgtheater, das so einen prunkvollen Hofstaat auf die Beine stellen konnte.« Apropos Beine: Während einer der folgenden Vorstellungen stürzte ich mitten auf der Bühne. Ein glühender Schmerz fuhr durch meinen ganzen Körper. Ich riß mich zusammen und spielte meine Rolle zu Ende. Zurück in meiner Garderobe, fiel ich in Ohnmacht. Die Rettung brachte mich ins Krankenhaus. Am nächsten Tag stand ich schon wieder auf der Bühne – mit einem dick bandagierten Fuß.

Damals ist mein Traum in Erfüllung gegangen, Schiller zu spielen. Dieser Traum hatte mich von Jugend an begleitet. Schon als Gymnasiast hatte ich sämtliche Schillerdramen mit Begeisterung gelesen, auch wenn ich etwas ganz anderes hätte tun sollen, etwa

WALTHER REYER ALS MORTIMER IN »MARIA STUART«,
BURGTHEATER 1956

lateinische Vokabeln lernen. Meine Mutter hat mich oft dabei erwischt und dann gesagt: »Was ist denn, Bub, du bist ja ganz rot im Gesicht!« Aber die großen Helden, diese herrlichen Figuren, übten von Anfang an eine magische Anziehungskraft auf mich aus. Natürlich stellt sich in diesem Zusammenhang die Frage: Was ist das, ein Held? Ich glaube, es ist einer, der mit sich selbst fertig wird. Mit dem, was in seinem Inneren kocht und brodelt und brennt, das ihn verführt zu Dingen, die nicht in der Ordnung

Es fügte sich so ...

sind. Einer, der weiß, daß er einmal in eine Ruhe geraten wird, in einen Frieden, der ein Maß finden wird. Das hat mich fasziniert, denn voll Harmonie sind wir ja alle nicht.

Trotz meiner großen Erfolge war der 1. März 1957 der Tag meines – vorläufigen – Abschieds vom Burgtheater. Da sich auch Annemarie Düringer vom Haus verabschiedete, um nach Amerika zurückzukehren, wurde für diesen Abend eine Sondervorstellung der »Jüdin von Toledo« angesetzt. Das Publikum überschüttete uns diesmal mit besonders stürmischem Applaus. Tags darauf trat ich mein neuerliches Engagement an der Josefstadt an.

Anläßlich des 90. Geburtstags des früheren Arztes und späteren Schriftstellers Karl Schönherr wurde an der Josefstadt der »Weibsteufel« neu inszeniert. Leonard Steckel führte in dem Drama um einen ältlichen, kränkelnden Mann, sein hitziges Weib und einen jungen Grenzgänger Regie. Die Dreiecksgeschichte handelt von einer lange im Verborgenen schlummernden, plötzlich auflodernden Leidenschaft in alpiner Umgebung, genauer gesagt im heiligen Land Tirol. Das Publikum hatte uns schon in der Pause heftigen Applaus gespendet, aber am Schluß rief es uns an die zwanzigmal vor den Vorhang: Hilde Krahl, die den Weibsteufel wie schon zuvor in dem gleichnamigen Film sehr dramatisch und sehr blutvoll spielte, Leopold Rudolf, dessen Vornehmheit trotz aller Blutrünstigkeit durchschlug, und mich, der ich immerhin einschlägige Erfahrung von der Innsbrucker Exl-Bühne mitbrachte.

Für mich war diese Inszenierung eine willkommene Gelegenheit, in Wien Tirolerisch zu sprechen. Es war mir eine große Freude, auf den berühmten Brettern der Josefstadt meine heimatlichen »K« und »Ch« tief aus dem Kehlkopf herauszukratzen. »G'rod

WALTHER REYER UND HILDE KRAHL IM »WEIBSTEUFEL«,
JOSEFSTADT 1957

z'fleiß red i Tirolerisch«, hatte ich in Wien zu Freunden oft gesagt, jetzt durfte ich das auch auf der Bühne tun. Allein war ich als Tiroler in Wien übrigens nicht. Innerhalb kurzer Zeit hatte sich ein Kreis zusammengefunden; es trafen sich Judith Holzmeister, Erich Auer und Inge Konradi, die zwar in Wien geboren, aber Tiroler Abstammung ist. Wir saßen abends zusammen, pflegten unseren Dialekt und kamen überein, daß man »drunten an der Donau« doch an Heimweh leide. Mich nannten sie in diesem

Kreis oft den »Toni Sailer des Theaters«, das fand ich ganz komisch.

An der Josefstadt ging es mit dem amerikanischen Kriegsstück »Zeitgrenze« von Henry Denker und Ralph Berkey weiter. »Kriegsstücke sind gut, Gerichtssaalstücke sind gut. Psychologische Reißer sind gut. Wie gut muß erst ein psychologischer Kriegsgerichtsreißer sein«, so lautete Friedrich Torbergs Kommentar. Er hatte recht. In dem Stück standen abstrakte Begriffe wie Verrat und Feigheit, Pflicht und Ehre im Zentrum, alles abgehandelt anhand des Koreakrieges. Leonard Steckel, der zuvor den »Weibsteufel« inszeniert hatte, hat mit uns die unglaubliche Dramatik des Stückes meisterhaft herausgearbeitet. Ich spielte den im Gefangenenlager scheinbar zum Verräter gewordenen Major Harry Cargill, der nun den Schein zu wahren und sich nicht zu verteidigen wünscht. Friedrich Torberg wand allen Schauspielern Lorbeerkränze. »Walther Reyer gibt seine Rolle gesammelt, gebändigt, gereift und ohne Wehleidigkeit. Nicht minder erregend die Art, wie Helmut Lohner, sein Gegenspieler im Leutnantsrang, mit einer nervösen Mischung aus Glätte und Verstocktheit dem Zusammenbruch zusteuert. Hans Jaray, der Colonel, der sie beide verhört, hat den anspruchsvollsten Part und den anfechtbarsten Text zu bewältigen; nicht nur glückt ihm das, sondern er besorgt's mit einer menschlichen Anteilnahme und Leidenschaft, die ihm neue Bühnenwege eröffnet.« In diesem Stück spielte übrigens Heinz Conrads eine seiner wenigen ernsten Rollen. Conrads konnte in diesem Stück seine absolute Existenzberechtigung auch im ernsten Fach meisterhaft unter Beweis stellen.

Mit »Zeitgrenze« gab die Josefstadt Ende April 1957 ein Gastspiel in Tirol und Bregenz. Dadurch ergab sich seit fünf Jahren erstmals wieder ein Auftritt in meiner Heimatstadt Innsbruck. Mich freute besonders, daß man mir seitens der hiesigen Presse eine künstlerische Reife attestierte, daß man meine Fortschritte seit dem Abgang von der Innsbrucker Bühne erkannte und honorierte. In Bregenz gastierte das Burgtheater dann noch einmal mit »Don Carlos«. Natürlich war es für mich die größte Freude, diese herrliche Rolle dort zu spielen, wo ich zehn Jahre zuvor als »Schillerjüngling« begonnen hatte. »Er hat an Intensität nichts verloren, aber er hat sie und sich gebändigt«, schrieb ein Kritiker. Die Untauglichkeit eines Requisits hätte in Bregenz beinahe eine Vorstellung geschmissen: Großes Duo zwischen der Königin und dem Infanten im Garten von Aranjuez. Die Szene erklimmt den Höhepunkt. Liebe, Erziehung, Schmerz, Verzweiflung kämpfen gegeneinander. Ich, Don Carlos, werfe mich auf einen etwas wackligen Gartenstuhl: »Weh! Ich faß es nicht, und meine Nerven fangen an zu reißen!« Die Nerven rissen nicht, aber der Stuhl kippte. Und plötzlich spricht Hilde Mikulicz, Elisabeth, statt zu meinen zuckenden Schultern zu meinem Infantenhinterteil im dunklen Trikot, das plötzlich in Augenhöhe vor ihr auftaucht, die unsterblichen Worte: »Beklagenswerter Carl! Ich fühle – ganz fühl ich sie, die namenlose Pein, die jetzt in Ihrem Busen tobt ...«

Als Festwocheninszenierung brachte das Theater in der Josefstadt 1957 »Nathan der Weise«, Gotthold Ephraim Lessings Hohelied auf die Toleranz. Dieser »Nathan« hatte nach weiten Fahrten und Fährnissen nach Wien gefunden. Zwei Jahre zuvor hatte ihn Karlheinz Stroux mit Ernst Deutsch in der Titelrolle für Recklinghausen inszeniert. Ein Jahr später kam diese Inszenierung ans Berliner Schillertheater, allerdings waren nur Deutsch, die Bühnenbilder von Pierre Ponelle und die Kostüme übriggeblieben, sonst gab

Es fügte sich so ...

es lauter Neubesetzungen. Danach ging das Stück, wieder mit Ernst Deutsch und einem teilweise neu gebildetem Ensemble, drei Monate auf Tournee, kehrte zu Stroux ins eigene Haus nach Düsseldorf zurück, wurde umbesetzt, als Ernst Deutsch schwer erkrankte, wurde nochmals umbesetzt, als er wieder genas, und ging abermals auf Tournee durch die deutschen Lande, nachdem ein Teil des Gastierensembles in Berlin und der andere in Düsseldorf geprobt hatte. Als die Inszenierung dann endlich in Wien ankam, fand die glücklichste Kombination an Schauspielern zusammen, meine ich sagen zu können, die dieser »Nathan« in seinem langen Leben jemals erlebt hatte. Die Kritik bejubelte, wie schon so oft, Ernst Deutsch in seiner Rolle als Nathan. Nicole Heesters gab in inniger Einfachheit eine rührende und bezaubernde Recha. Meine Rolle als Tempelherr legte ich männlich und natürlich an, ohne in jugendliche Heldenpose zu verfallen.

Im Sommer dieses Jahres war ich mehr oder weniger nur unterwegs. Ich drehte in den Ateliers der Bavaria Filmstudios von Geiselgasteig in München mit O. E. Hasse und Eva Bartok den Film »Der Arzt von Stalingrad« nach dem berühmten Roman von Heinz G. Konsalik. Dann ging es weiter mit Shakespeares »Romeo und Julia« und Schillers »Jungfrau von Orleans« zu den Bad Hersfelder Festspielen. Als ich am Hauptplatz von Bad Hersfeld ankam, sah ich eine große Lichtreklame, auf der stand funkelnd: »Reyer«. Na sowas, dachte ich, das ist doch ein herzlicher Empfang! Dann trat ich näher. Ganz unten stand klein: Schnaps- und Tabakfabrik. Später, als alle im Hotel beim Empfang versammelt waren, sagte der Direktor zu unserem Quartiergeber: »Bitte bringen Sie unseren Herrn Reyer auf sein Zimmer!« – »Oh«, rief der Mann darauf erfreut, »Reyer-Schnaps!« Der Direktor klärte ihn

Spielen, spielen, spielen – Pendler zwischen Josefstadt und Burgtheater

WALTHER REYER MIT NICOLE HEESTERS IN »NATHAN DER WEISE«,
JOSEFSTADT 1957

auf: »Nein, der Schauspieler Reyer!« Da war der Mann sichtlich enttäuscht: Gegen Schnaps kommt man nicht einmal als Romeo an. Nach der zweiten Vorstellung von »Romeo und Julia« erhielt ich eine Flasche Likör, auf der stand: »Keine Feier ohne Reyer!« Der Spender war der Schnapsfabrikant selbst, er hieß nicht nur Reyer, sondern auch Walter und war überdies begeisterter Laienschauspieler.

In Bad Hersfeld war in jenem Sommer praktisch die Elite des deutschsprachigen Theaters versammelt. In der »Jungfrau von Orleans« spielten Albin Skoda, Elisabeth Flickenschildt, Hilde Krahl, Lotte Tobisch, Wolf Ackva und Ewald Balser. Albin Skodas feinädriger König, der robust ausladende Talbot Ewald Balsers und mein schmaldunkler Lionel wurden als schauspielerische Glanzlichter gefeiert.

Während einer Aufführung von »Romeo und Julia« waren die Besucher der Stiftsruine von der Echtheit der Sterbeszene des wackeren Tybalt besonders ergriffen. Mit schmerzverzerrtem Gesicht hauchte Wolf Ackva sein Leben aus. Was sie nicht ahnen konnten: Ich hatte bei dem vorangegangenen Gefecht mit dem Florett so heftig zugestochen, daß Ackva an der Hüfte ordentlich verletzt wurde. Der gleich nach der Sterbeszene herbeigerufene Theaterarzt legte einen Verband an und verordnete Ackva Bettruhe.

Meine Frau Gretl Elb war inzwischen von Graz nach Wien gezogen. Wir wohnten zuerst in der Schwarzingergasse im 2. Bezirk, dann bekamen wir eine geräumige Wohnung im vierten Stock des Hochhauses am Matzleinsdorfer Platz. Dieses Haus galt damals als erste Adresse, und wir waren dort nicht die einzigen Künstler. Im selben Stockwerk wie wir wohnte Gretl Schörg, eine bekannte Sängerin an der Wiener Volksoper. Auch Helmut Zilk lebte dort mit seiner Familie. Unsere Wohnung war ausgesprochen gemütlich; Gretl hatte für mich eine perfekte Tirolerstub'n als Eßzimmer eingerichtet. Es gab eine große Bibliothek und ein für damalige Zeiten ultramodernes Tonbandgerät, auf das ich meine Texte sprechen konnte. Ein Journalist, der uns dort einmal interviewte, begeisterte sich: »Hier ist nichts Beiläufiges, kein überflüssiger Krimskrams, jedes Stück des Mobiliars ist mit Liebe ausgewählt und wird mit Liebe gepflegt. Jeder Winkel des stilvollen Heimes läßt erkennen, daß hier Menschen leben, denen Kunst ein Lebensbedürfnis ist.« Zum Wohnen bin ich freilich nicht allzuviel gekommen. In dieser Zeit jagte ein Termin den anderen. Ich war viel

WALTHER REYER IN SEINER WOHNUNG
AM MATZLEINSDORFER PLATZ

im Ausland, hatte außer Theaterverpflichtungen auch Drehtermine; so wurde »Hoch klingt der Radetzkymarsch« in diesem Jahr in Wien nach dem Drehbuch von Kurt Nachmann und Hellmut Andics gedreht. Géza von Bolváry führte Regie. Meine Partner waren Deutschlands Paradekomiker Boy Gobert und eine von da an liebe Freundin, die wunderbare Johanna Matz.

Alle meine bisherigen Erfahrungen beim Film wurden jedoch von den Dreharbeiten in Indien übertroffen, wohin ich im Herbst

Es fügte sich so ...

1958 reiste, um unter Regisseur Fritz Lang in den Filmen »Der Tiger von Eschnapur« und »Das indische Grabmal« mitzuwirken. Ich war von Indien überwältigt und plante eigentlich, nach Abschluß der Dreharbeiten für einige Zeit in diesem faszinierenden Land zu bleiben. Aber dann kam der Flugzeugabsturz. Mein Notizbuch mit den indischen Telefonnummern verbrannte, ich nahm es als Wink des Schicksals und blieb in Wien.

Viel Zeit, um über den Flugzeugabsturz nachzudenken, hatte ich allerdings nicht. Kaum war ich zurück, begannen wir schon wieder im Kleinen Theater im Konzerthaus zu proben. Und für Anfang März stand bereits die Premiere von Franz Molnárs Komödie »Panoptikum« in der Josefstadt auf dem Programm. Obwohl es damals ganz und gar nicht üblich war, daß Schauspieler der Josefstadt im Burgtheater spielten und umgekehrt, wurde für mich eine Ausnahme gemacht. Die Josefstadt gab mich für die Neuinszenierung von Heinrich von Kleists »Prinz Friedrich von Homburg« am Burgtheater frei – zu meiner größten Freude: Das würde endlich wieder einmal eine jugendliche Heldenrolle nach meinem Geschmack sein.

»Nun, o Unsterblichkeit, bist du ganz mein ...« Die Worte, die ich zuvor noch auf der Bühne gesprochen hatte, wollten mir unter dem tosenden Applaus nach der Premiere vom 25. April 1959 nicht aus dem Kopf. Es war ganz gut, daß mich die Kritiken dann wieder auf den Boden der Realität zurückbrachten. Der Kleistsche Held sei mir zu sehr nach einem Schillerschen geraten, hieß es da.

Schiller sollte ich in diesem Jahr noch zur Genüge spielen dürfen. Zuerst an der Josefstadt; »Kabale und Liebe« stand dort im Rahmen der Festwochen auf dem Programm. Doch das war noch nicht alles: Im Sommer des Jahres 1959 ging Adolf Rotts Vertrag als Direktor des Burgtheaters zu Ende. Als Nachfolger war übrigens der Schriftsteller Carl Zuckmayer im Gespräch. Als man ihn jedoch fragte, ob er an dem Posten interessiert wäre, antwortete Zuckmayer: »Da setz ich mich lieber mit meinem nackten Hintern in einen Ameisenhaufen!«

Ernst Haeusserman hingegen wollte sich auf diesen Haufen einlassen und nahm das Angebot an. So begann die legendäre Ära Haeusserman, das »silberne Zeitalter« der Burg. Haeusserman konnte Oskar Werner vorerst für sein Theater verpflichten, er holte Heinz Rühmann, der im Privatflugzeug anreiste und erst unterschrieb, nachdem er das gesamte Haus von der Bühne bis zur Garderobe inspiziert hatte. Und er bewegte drei junge Burgtheaterflüchtige zur Rückkehr: Annemarie Düringer, Heinrich Schweiger und mich.

Bei dem Rollenangebot konnte ich unmöglich nein sagen: Für Oktober 1959 war die Wallenstein-Trilogie unter der Regie von Leopold Lindtberg geplant. Ich hatte wunderbare Kollegen an meiner Seite, etwa Hilde Krahl, Attila Hörbiger, Heinz Moog, Josef Meinrad, Ewald Balser oder Robert Lindner. Nun wurde wahr, was unser Englisch-Mair einst im Gymnasium prophezeit hatte: »Der Reyer ist unser Max Piccolomini!« Diese Rolle mußte ich tatsächlich nicht spielen, denn ich lebte sie. Das erkannte auch die Kritik: »Walther Reyer ist dieser Max Piccolomini, und der ist ein großer Glücksfall und Lindtbergs bestes Stück; er beläßt dem Vers, der Poesie, dem Überschwang alles, was ihnen gebührt, und ist doch in keinem Augenblick ein Theaterheld. Er führt Schiller genau dorthin, wo er heute hingehört, er ist der bisher reinste und kostbarste Beitrag Wiens zum Schiller-Jahr.«

Die Beifallsstürme noch im Ohr, geriet mein Leben in diesem

WALTHER REYER ALS MAX PICCOLOMINI IN SCHILLERS »WALLENSTEIN«-TRILOGIE,
BURGTHEATER 1959

Spielen, spielen, spielen – Pendler zwischen Josefstadt und Burgtheater

Herbst in erhebliche Turbulenzen. Es begann mit einem harmlosen Abendessen. Ich war mit meiner Frau Gretl im Hause Feldmann in der Währinger Straße eingeladen. Man plauderte, ich erzählte von Indien und von dem Flugzeugabsturz. Und hatte doch nur Augen für die Tochter des Hauses, Claudia. Später, bei einem Aufeinandertreffen im Café Landtmann, machte sie mir unmißverständlich klar, daß sie mit einem verheirateten Mann nicht ausgehen würde: »Es sei denn, das Schicksal will es anders.« Und so geschah es auch. Durch einen Zufall sahen wir uns wieder. Claudia kam eines Abends nach der Vorstellung zum Theater in der Josefstadt, um ihre Freundin Grete Zimmer abzuholen, die in Arthur Schnitzlers »Der grüne Kakadu« mitspielte. Die ahnungslose Grete Zimmer kam in meine Garderobe und schlug mir vor, nach der Vorstellung noch etwas essen zu gehen. Eine Bekannte würde mitkommen. Und als wir Claudia vor dem Bühnenausgang trafen, sagte Grete zu ihr: »Du hast doch nichts dagegen, daß der Walther Reyer mitgeht!« Verschwörerische Blicke fielen zwischen Claudia und mir. Wir drei besuchten also ein Restaurant in der Innenstadt, und als wir von dort nach Hause aufbrechen wollten, fragte Grete ihre Freundin ganz beiläufig: »Du weißt doch, der Walther hat keinen Führerschein und weigert sich, ihn zu machen. Kannst du ihn heute ausnahmsweise statt mir heimbringen?« Damit war alles besiegelt.

Eine Zeit geheimer Treffen begann. Einen Eklat löste dann der Opernball im Winter 1960 aus, den sowohl Claudia mit ihrem Vater – er war der Generaldirektor eines amerikanischen Konzerns – als auch ich und meine Frau besuchen wollten. Ich hatte Claudia um ein Rendezvous um Mitternacht an der Bar gebeten, nur für eine Viertelstunde. Aus der Viertelstunde wurde mehr. Wir vergaßen die Zeit, verließen zusammen die Oper und gingen durch die Winternacht die Kärntner Straße hinauf zum Stephansplatz. Dort stellten wir uns an einen Würstelstand, vergnügt und verliebt. Bis plötzlich Gretl Elb auftauchte, schnaubend vor Wut, und mich vor allen Leuten ohrfeigte. Ich nahm Claudia an der Hand und rannte mit ihr zu einem Taxi. Gretl sprang ebenfalls in ein Taxi, und so kam es zu einer wilden Verfolgungsjagd quer durch Wien. Schließlich landeten Claudia und ich in der Währinger Straße. Ihr Vater war gerade vom Ball nach Hause gekommen. Das einzige, was mir zu sagen einfiel, war: »Ich möchte Sie um die Hand Ihrer Tochter bitten.« Er aber antwortete lakonisch: »Soviel ich weiß, sind Sie ja verheiratet.«

Ich zog unmittelbar nach dieser Nacht aus der Wohnung am Matzleinsdorfer Platz aus und mietete mich im Hotel »Weißer Hahn« in der Josefstädter Straße ein. Damit wollte ich einen klaren Schlußstrich unter meine Ehe mit Gretl Elb ziehen und Claudia zeigen, daß sie für mich mehr war als eine Affäre. Gretl Elb aber gab nicht auf. Sie rief Claudias Vater an und drohte: »Entweder Claudia verläßt die Stadt, oder ich verklage sie wegen Ehestörung!«

Feldmann wollte den Ruf seiner noch nicht einmal volljährigen Tochter nicht aufs Spiel setzen und schickte sie tatsächlich vorübergehend nach Innsbruck. Einen Monat später trafen wir uns trotzdem. Beim Theater meldete ich mich krank, stieg in den Zug und verbrachte mit Claudia ein paradiesisches Wochenende in Landeck.

Zu Ostern wurde Claudia endlich vorzeitig für volljährig erklärt, nun durfte sie nach Wien zurückkehren. Wir wollten die Erinnerung an die letzten Monate vorerst hinter uns lassen und unternahmen eine wunderschöne Reise nach Italien; zuerst blie-

Spielen, spielen, spielen – Pendler zwischen Josefstadt und Burgtheater

ben wir einige Tage in Rom, dann ließen wir uns auf der Isola del Giglio nieder. Für mich hieß es dort schon wieder arbeiten, denn ich mußte den Text für meinen ersten »Jedermann« einstudieren. Claudia hat mich dabei abgehört.

Im November kündigte sich an, daß wir bald eine Familie sein würden. Natürlich reiste da meine Mutter aus Innsbruck an, um die neue Frau an meiner Seite in Wien kennenzulernen. Als sie die ersten grauen Haare auf meinem Haupt entdeckte, sagte sie: »Bua, so geht das nicht. Laß dir eine Tönung machen!« Das kam natürlich überhaupt nicht in Frage. Aber ich begann nachzudenken: Es war an der Zeit, von den jugendlichen Heldenrollen Abschied zu nehmen. Die Leute sollten sagen: »Warum spielt der die Rolle des älteren Charakters jetzt schon?«, nicht aber: »Warum spielt der den jugendlichen Liebhaber noch immer?«

Garderober Friedrich Amon:
»Amoniak, schnell, hilf mir umziehen!«

Es gibt Schauspieler, zu denen hat man als Garderober ein korrektes, aber durch und durch distanziertes Verhältnis. Und dann gibt es Schauspieler wie Herrn Reyer. Als ich ihm 1975 im Burgtheater zugeteilt wurde, wußte ich, daß der erste Augenblick alles entscheiden würde. Entweder man versteht sich auf Anhieb oder nie. Ich stellte mich also in seiner Garderobe im zweiten Stock vor und sagte: »Herr Reyer, wenn's Zeit is, daß ma uns anziehn, dann läuten S'.« An der Art, wie er sagte: »Is' gut, ich läut' dir !«, wußte ich, daß wir warm miteinander werden würden. Tatsächlich hatten wir in den folgenden Jahre ein nahezu familiäres Verhältnis.

Wir Garderober halten uns abends meist in einer der leeren Garderoben oder im Gang auf und warten auf das Klingelzeichen. Wenn es läutet, zeigt ein Leuchtbrett an, aus welcher Garderobe das Signal kommt. Dann geht man hinein und macht seine Arbeit. Oder man holt etwas zu essen oder zu trinken. Schließlich ist man ja fast so etwas wie ein Kammerdiener.

Eines der ersten Dinge, die Herr Reyer zu mir sagte, war: »Amon, wennst einen Hunger hast, dann gehst hinunter in die Kantine und kaufst dir was. Auf meine Rechnung.« Das tun nicht alle. Auch die Frage »Na, wie geht's dir, was machen die Kinder, ist alles in Ordnung?« ist keine Selbstverständlichkeit. Herr Reyer hat darauf so gut wie nie vergessen.

Nach den ersten zwei Monaten ist er einmal mit langen Schritten die Stiege von der Bühne zur Garderobe heraufgestürmt und hat geschrien: »Amoniak, schnell, hilf mir umziehen!« Ich habe noch zurückgerufen: »Ja, bin eh schon da!« Von da an war ich »der Amoniak«. Wegen meiner angeblich ätzenden Floridsdorfer Redeweise.

Grantig habe ich Herrn Reyer nie gesehen. Nervös eigentlich auch nicht. Bis auf ein einziges Mal. Als er in Shakespeares »Troilus und Cressida« lediglich den Prolog zu sprechen hatte, war er ziemlich entnervt. »Amoniak«, sagte er, »jetzt weiß ich erst, wie schwer es ist, eine kleine Rolle zu haben.« Er hat auch nicht lange durchgehalten. Es gab einen Krach, und dann mußte den Prolog ein anderer übernehmen.

Aus der Sicht des Garderobers war es trotz allem eine Katastrophe, Herrn Reyer umzuziehen. Er konnte einfach nicht stillstehen, machte alles rasch, impulsiv, war ein Springinkerl. Entweder er fuchtelte mit den Armen herum, oder er stand vor dem Spiegel und frisierte sich, weil er einfach nicht daran dachte, daß ich ihn ja umziehen wollte. Besonders schnelle Umzüge waren ein Horror. Wenn ich ihm zum Beispiel das Kostüm innerhalb einer Minute wechseln mußte, habe ich vorher ganz schön gescheppert. Er gab keine Sekunde Ruhe. Da half nur, ihn anzuschreien: »Stillstehen!« Das hat gewirkt. Dann ist er dagestanden wie ein Einser. Es hat aber auch Stücke gegeben, in denen ich ihn am Anfang angekleidet und am Ende ausgekleidet habe. Das war dann ein gemütlicher Abend für mich.

Walther Reyer war stets pünktlich. Ob ein Schauspieler auch wirklich zeitgerecht zum Dienst erscheint, können nur der Portier

WALTHER REYERS »ROTER FLORIDSDORFER«
IM RUHESTAND

und der Garderober kontrollieren. Oft und oft ist es vorgekommen, daß Schauspieler aus dem Kino oder aus einem Restaurant ins Theater geholt werden mußten, weil sie die Vorstellung vergessen hatten. Um Herrn Reyer brauchte ich nie Angst zu haben.

Obwohl er zu den Schauspielern der ersten Garnitur gehörte, zeigte er keine Allüren. Er hat sich nie wie ein Star aufgeführt. Wenn ich in die Kantine ging, um ihm etwas zu holen, und mich entschuldigte, weil ich wegen des Andrangs zu spät zurückkam, sagte er: »Amoniak, hättest die Leute weggeschickt und gesagt, es ist für mich!« Aber das war bestimmt nie ernst gemeint. Er hat sich über niemanden erhaben gefühlt.

Es war nie so, daß ich nur meine Arbeit gemacht habe und wieder gegangen bin. Er hatte es gern, wenn ich ein paar Minuten blieb, mich setzte und plauderte oder mit ihm herumblödelte.

Es fügte sich so ...

Wenn ich dann sagte, ich hätte noch jemand anderen umzuziehen, sagte er: »Dableiben, laß den Kleindarsteller!«

In wirklicher Wut habe ich ihn nur einmal erlebt. Für seine Rolle des Oberon in Botho Strauß' Stück »Der Park« mußte ich ihm ein großes Glied umschnallen, das von innen leuchtete. Das hat er gehaßt. Er schimpfte in voller Lautstärke: »So ein Dreck!«

Daß er immer zum Herumblödeln aufgelegt war, hätte einmal beinahe tragische Folgen gehabt. Wir hatten einen Kantineur, Franz Hawlin, dessen ganze Leidenschaft die Schauspieler waren. Albin Skoda war sein persönliches Heiligtum. Nacht für Nacht saß er mit den Darstellern zusammen, plauderte und hatte seine Hetz. Einmal war Walther Reyer in der Kantine. Wer angefangen hat, ließ sich später nicht mehr klären, jedenfalls begannen sie, sich aus Spaß gegenseitig mit Wasser anzuspritzen. Zuerst mit kleinen Tropfen aus den Gläsern, dann mit mehr aus dem Abwaschbecken. Schließlich erwischte Herr Reyer eine Siphonflasche, spritzte Hawlin von oben bis unten an und lief weg. Hawlin aber griff nach einem der schweren Sessel, schleuderte ihn nach Herrn Reyer und – verfehlte ihn um Haaresbreite. Das hätte furchtbar enden können. Wenn Herr Reyer getroffen worden wäre, hätten wir das Stück absetzen müssen! Der Vertrag von Franz Hawlin ist später übrigens nicht verlängert worden, weil er einen deutschen Gastschauspieler, der Albin Skoda auf einem Foto nicht erkannt hatte, ohrfeigte.

Ich bin jetzt schon seit einigen Jahren in Pension. Ich führe ein ruhiges Leben und bin zufrieden. Aber es fehlt mir unendlich, daß niemand brüllt: »Komm her, du roter Floridsdorfer!« Und ich antworte: »Bin scho' da, schwarzer Tiroler.«

Jedermann am Salzburger Domplatz

Der Jedermann hat mich mein ganzes Leben hindurch nicht losgelassen. Schon zu Beginn meiner Karriere, im Jahr 1949, wirkte ich in diesem Stück mit. Da saß ich noch in der Tischgesellschaft, die den reichen Mann angesichts des Todes einer nach dem anderen im Stich läßt. Attila Hörbiger spielte damals die Hauptrolle.

1956 hat mich der Theaterkritiker, Regisseur und Schriftsteller Ernst Lothar zum ersten Mal nach Salzburg geholt, als Guten Gesellen neben Will Quadflieg. Am Ende der Festspiele habe ich gesagt: »Nächstes Mal spiel' ich hier nicht mehr den Guten Gesellen, nächstes Mal spiel' ich den Jedermann!« Da haben alle gelacht. »Bist du wahnsinnig, bist du verrückt geworden«, haben sie gesagt. Aber ich habe ganz fest daran geglaubt: »Doch, ich spiele den Jedermann!« Ich sagte das ohne Überheblichkeit. Ich war davon überzeugt, bald in dieser Rolle auf der Bühne vor dem Salzburger Dom zu stehen. Vier Jahre später war es dann soweit. Unbeschreibliches Glücksgefühl und große Angst wechselten sich in der Vorbereitungsphase in meinem Inneren ab; Freude über diese Rolle, diesen Platz vor dem Dom, zugleich aber Angst vor dem Dom. Angst, der Rolle nicht gerecht zu werden; Angst, ob die Stimmbänder dieser Kraftprobe gewachsen sein würden – zu dieser Zeit spielte man in Salzburg noch ohne Mikrophone, die

Es fügte sich so ...

kamen erst später, als Curd Jürgens die Rolle übernahm. Und nicht zuletzt überkam mich die Angst, wenn ich an all die großen Schauspieler dachte, die vor mir diese Rolle gespielt hatten, an Attila Hörbiger beispielsweise oder an Will Quadflieg, den ich nun ablösen sollte. Aber es war eine Herausforderung, und Herausforderungen habe ich immer gesucht. Neun Jahre, neun Sommer »Leben und Sterben« wurden daraus.

Ich spielte zuerst unter der Regie von William Dieterle, dann unter Gottfried Reinhardt und zuletzt unter Helene Thimig.

Während William Dieterle in seiner Inszenierung von 1960 noch holzschnittartig, puristisch, fast passionsspielartig inszeniert hatte, suchte Gottfried Reinhardt ein Jahr darauf nach neuen Wegen. Die Schwierigkeit dieses Unterfangens war dem Sohn des berühmten Begründers der Salzburger Festspiele bewußt. Als die Festspieldirektion an ihn herantrat, die Spielleitung des »Jedermanns« zu übernehmen, stand ihm das Dilemma klar vor Augen. Eine völlige Neuinszenierung würden ihm viele als Sakrileg auslegen; würde er alles so belassen, wie es war, setzte er sich dem Vorwurf aus, zu keiner eigenständigen Leistung fähig zu sein.

Sein Entschluß, einen Ausstatter aus Hollywood zu engagieren, war so gesehen mutig. Tony Duquette schwelgte in Farben, schuf eine Hieronymus-Bosch-Welt in einer modernen Version, mit Gipsfigurinen, die auf der Bühne standen wie ein großer, unheimlicher Totentanz. Die Kostüme waren ein Rausch an Farben, wurden schon im vorhinein als Sensation gepriesen. Ich war zu dieser Zeit üppig mit Gold, Blumen und Pelzen übersät. Ernst Krenek wurde mit der Komposition einer vollkommen neuen Musik beauftragt, als Choreograph wurde mit Heinz Rosen der Ballettmeister der Bayerischen Staatsoper gewonnen. Und dann

WALTHER REYER IN DER ROLLE SEINES LEBENS: »JEDERMANN«, 1969

fiel alles ins Wasser. Die Premiere war für den 30. Juli angesagt. An diesem Tag goß es in Strömen, und die Aufführung mußte ins Große Festspielhaus verlegt werden.

Mich berührte das kaum. An diesem Tag nahmen mich völlig neue Gefühle in Anspruch, denn tags zuvor war ich Vater geworden. Unmittelbar vor der Generalprobe war Tassilo Nekola, der Generaldirektor der Salzburger Festspiele, in meine Garderobe gestürzt und hatte gerufen: »Walther, wir haben eine neue Buhlschaft!« Meine Tochter Claudia-Maria, »Clascha«, war geboren. Sofort nach der Probe sprang ich in den Amischlitten von Ellen Schwiers und fuhr in das Salzburger Landeskrankenhaus. Unterwegs hielten wir bei jeder Blumenhandlung. Als wir im Spital ankamen, war das Auto randvoll mit Blumensträußen.

Ich empfand den »Jedermann« in der Inszenierung von Gottfried Reinhardt jedenfalls als eine sehr schöne, sinnliche Aufführung. Sie ist häufig als kitschige Angelegenheit abgetan worden; das ist aber ein ungerechtes Urteil. Man hat diese Inszenierung immer wieder mit der gleichzeitigen Verfilmung in Zusammenhang gebracht, der die Geschlossenheit der Aufführung fehlt. Gottfried Reinhardt drehte nicht einfach die Szenen am Domplatz nach, sondern wählte als Schauplätze zudem verschiedenste Orte in der Stadt Salzburg und ihrer Umgebung; nun bewegte sich das Stück plötzlich zwischen Schloß Hellbrunn, der Festung Hohensalzburg, der Wallfahrtskirche von Maria Plain und der Klausur des Klosters von St. Peter.

Gottfried Reinhardt konnte in der darauffolgenden Saison nur unter größten Schwierigkeiten eine Wiederaufnahme seiner Version durchsetzen. Für das kommende Jahr aber gab er sein Konzept auf, nicht zuletzt, weil er eine zunehmende Lieblosigkeit dem

Stück gegenüber verspürte. Er selbst nannte den »Jedermann« jetzt bereits den »lebenden Leichnam von Salzburg«.

Helene Thimig, die Witwe Max Reinhardts, übernahm 1963 zum zweiten Mal die Regie, die sie bereits in der Zeit von 1947 bis 1951 innegehabt hatte. Sie hielt sich nun vor allem wieder an das Regiebuch ihres verstorbenen Gatten. Sie betreute die Aufführung für die folgenden sieben Jahre und griff dabei auch wieder auf die Musik von Joseph Messner und Einar Nilson zurück.

Unter drei verschiedenen Regisseuren als Jedermann leben und sterben zu dürfen, ist gewiß ehrenhaft. Ziemlich aufregend fand ich aber auch, daß ich sicherlich derjenige war, der sich der meisten Buhlschaften erfreuen durfte: Da waren Sigrid Marquardt, Ellen Schwiers, Maria Emo, Anna Smolik, Eva Kerbler und zuletzt die wunderbare, sinnliche Nadja Tiller.

Während der Hauptprobe im Sommer 1964, zu der auch die Presse Zutritt hatte, kam es zu einem Zwischenfall, der in die Geschichte der Anekdoten rund um die Salzburger Festspiele eingegangen ist: Meine gerade dreijährige Tochter Clascha saß zusammen mit ihrer kleineren Schwester auf der Zuschauertribüne. Meine Frau hatte dem Mädchen vorher erklärt, alles sei ein Spiel, sie brauche sich nicht zu fürchten, auch der unheimliche Knochenmann sei nichts als ein braver Mann, der sich verkleidet habe. Tatsächlich blieb Clascha ruhig, als Kurt Heintel in der Gestalt des Todes seine Hand nach dem Herzen ihres Vaters ausstreckte. Als aber der Gute Gesell Michael Heltau sich dann weigerte, den Papa auf seinem schweren Gang vor Gottes Thron zu begleiten, war es zuviel. »Papa, Papa, ich laß dich nicht allein!« rief mir meine Tochter weinend zu. Ich schien auf der Bühne aber nicht zu hören und fuhr in meinem Text fort: »So bin ich denn allein!« Da

JEDERMANNS TÖCHTER: RONNI, CLAUDIA-MARIA, CORDULA, 1964 (V. L.)

gab es kein Halten mehr. Clascha brüllte ohrenbetäubend, die Probe mußte unterbrochen werden. Das hat meiner Tochter Schlagzeilen eingebracht.

Ich bin heute immer noch der Meinung, daß der »Jedermann« eigentlich bei Einbruch der Dunkelheit beginnen müßte. Wenn dann die Fackelbuben auftreten, beleuchten sie lediglich die Tischgesellschaft; der Dom liegt im Dunkeln. Jetzt kann die Gesellschaft sinnlich, wild und schamlos ihre Orgie feiern, der sakrale Hintergrund ist nicht zu sehen. Treten später die Guten Werke und der Glaube auf, dann müßte man beginnen, den Dom langsam zu beleuchten, so daß er am Schluß des Stückes in vollem Licht erstrahlt. Warum sollte man dieses stark mit Affekten arbeitende Stück nicht in seinem Wesen unterstützen? Ich kann mich an eine Aufführung erinnern, in der ich auf der Bühne zum Vaterunser niederkniete und im selben Moment ein Donnergrollen das Herannahen eines Sommergewitters ankündigte. Es war nur ein einziger Donner. Solch eine Ergriffenheit habe ich beim Publikum nie wieder erlebt.

Schauspielerin Ellen Schwiers:
»ER WAR FÜR MICH DER MENSCHLICHSTE ALLER KOLLEGEN.«

Walther Reyer erlebte ich als einen ausgeprägt barocken Menschen, der lebenslustig, heiter und genußvoll in allen Bereichen des Lebens war, und als Kollegen erlebte ich ihn in Salzburg als besonders liebenswert und warmherzig. Er war es, der damals als einziger auf mich zukam, mir half, mich zurechtzufinden, und der mir durch seine Wärme und Herzlichkeit Vertrauen gab, so daß ich mich nicht so sehr als Außenseiterin fühlte.

Es fügte sich so ...

Von meinen anderen österreichischen Kollegen konnte ich das nicht behaupten, die nahmen mich eher naserümpfend als Piefke in das schon eingeschworene Ensemble auf und ließen mich das auch bei jeder Gelegenheit spüren. Walther half mir sehr, indem er ganz besonders liebevoll bei den Proben mit mir arbeitete und mich unterstützte, damit ich mich behaupten konnte. Als es dann schon sehr schwer für mich wurde, kam eines Tages die wunderbare Paula Wessely zu mir, verabredete sich mit mir ganz offiziell in dem berühmten Café Bazar an der Salzach und setzte sich demonstrativ mit mir in die Mitte der Terrasse, damit uns auch wirklich alle sahen. Von diesem Tage an war ich bei allen Mitarbeitern und Kollegen akzeptiert. Nur mit Walther und seiner damaligen Frau Claudia hatte ich seit Anbeginn ein ganz freundschaftliches und herzliches Verhältnis. Claudia sollte zur Festspielzeit ihre erste Tochter bekommen. An dem Tag, als es dann soweit war, bat mich Walther um unser Auto, denn er konnte nicht fahren. Mein Mann und ich besaßen einen weißen, riesengroßen amerikanischen Schlitten mit offenem Verdeck. Allein deswegen wurden wir von den übrigen Kollegen nicht ganz akzeptiert. Mit diesem weißen Schiff, an dem Walther eine Riesenfreude hatte, fuhren wir gemeinsam von einem Blumengeschäft in das nächste, holen alle Blumen heraus, bis das Auto über und über voll war mit Blumen, die wir dann zu Claudia auf die Entbindungsstation brachten. Walther war überglücklich über den Neuankömmling. Familie war für ihn etwas ganz Wichtiges, an dem er sehr festhielt.

Wenn ich an Walther denke, denke ich vor allen Dingen an sein Lachen, an seine Unbeschwertheit, besonders aber an seine Uneitelkeit und an seine unvergleichlich schöne Stimme, und daß er

ELLEN SCHWIERS MIT WALTHER REYER

so stolz war, aus den Bergen Tirols zu kommen; er war mit Leib und Seele Tiroler.

Menschen, die so sind wie er, werden leider nicht immer auf Händen getragen, wie man es tun sollte. Menschen wie er sind so selten und schenken so viel Freude. Er war in meinen Augen herrlich ungefährlich und auf keine Weise intrigant.

Viele Jahre später trafen wir uns bei der Verfilmung von »Ärztinnen« in der damaligen DDR wieder, und wir knüpften dort an, wo wir in Salzburg aufgehört hatten. Er war für mich der menschlichste aller Kollegen, man hat sich wohl gefühlt in seiner Nähe.

Schauspielerin Nadja Tiller:
SIE WAR WALTHER REYERS SINNLICHSTE BUHLSCHAFT.

In den neun Jahren seiner »Jedermann«-Aufführungen in Salzburg war Nadja Tiller die letzte Buhlschaft. Walther Reyer war von Nadja beeindruckt. Endlose Beine, einen Apfelbusen, volle Lippen, große Augen – er nannte sie seine sinnlichste Buhlschaft.

Nadja Tiller hatte mit Anfangsschwierigkeiten zu kämpfen. Damals wurden noch keine Mikrophone verwendet, und den großen Domplatz auszufüllen bedeutete viel Kraft und Deutlichkeit in der Sprache. Ein paar Kollegen standen Nadja daher skeptisch gegenüber: »Na ja, die da vom Film, ob die das wohl schafft?«

Walther Reyer war ein Freund der Frauen, ganz besonders der hübschen Frauen. Also half er Nadja bereitwillig und gern, die ersten Unsicherheiten zu überwinden.

Nadja sagte: »Ich habe später kaum jemanden als Kollegen erlebt, der so einfühlsam und sensibel war und mit den kleinsten Hilfen seiner Partnerin Unterstützung bot. Mit seinem Lachen, seiner Leidenschaft zu spielen ergab sich alles fast wie von selbst.

Leider kam es später nie mehr zu einer Zusammenarbeit, was ich außerordentlich bedaure. Es bereitete meinem Mann, Walter Giller, und mir immer eine große Freude, wenn wir Walther Reyer als Viehdoktor Pankraz Obermeier im ›Bergdoktor‹, in seinen geliebten Tiroler Bergen, sehen konnten.«

JEDERMANN WALTHER REYER MIT SEINER BUHLSCHAFT NADJA TILLER, 1969

REINHARDT-GEDÄCHTNISAUFFÜHRUNG, 1977: CURD JÜRGENS (JEDERMANN), WALTHER REYER (GUTER GESELL)

Schauspieler Kurt Heintel:
»Ich war Walther Reyers Tod.«

Walther Reyer hat mich seiner Frau einmal mit den Worten vorgestellt: »Schau, Angela, das ist mein Tod.« Das war natürlich scherzhaft gemeint. Trotzdem quält mich jetzt manchmal der Gedanke, ich sei schuld daran, daß er nicht mehr da ist.

Unsere Karrieren sind parallel verlaufen, wir haben zusammen in der Josefstadt gespielt und in Salzburg. Im »Jedermann« war er einmal der Gute Geselle und ich der Mammon. Dann war er der Jedermann und ich der Tod.

Wir standen lange fast wie eine Art Brüderpaar zueinander, dadurch hatte ich Einblick in sein Wesen. Tatsächlich sind wir uns in vielem ähnlich. In der Größe, im Alter, in der Art des Spielens. Wir sind auch immer wieder verwechselt worden. Wie oft ist es vorgekommen, daß mich Leute angesprochen haben: »Herr Reyer, bitte um ein Autogramm!«

Es ist sicher so, daß wir beide Opfer einer Moderichtung geworden sind. Walther Reyer verkörperte alles, was mit Kraft und Edelmut zu tun hatte. In seiner Glanzzeit waren die großen Schauspieler strahlende Helden. Solche Begriffe aber wurden unzeitgemäß, das Theater wandelte sich, der Glanz der Helden verblaßte.

Sein großer Trumpf war sein Äußeres. Er hat immer exquisit ausgesehen, und er hatte Persönlichkeit. Beides läßt sich nicht erlernen. Aber das sind Eigenschaften, die am Theater schon lange nicht mehr Bedingung sind. Heute sind die großen Schauspieler Typen, die aussehen, als hätte sie das Schicksal im Stich gelassen. In diese Schiene paßten wir nicht.

Walther Reyer war kein Mann der Halbheiten. Für ihn galten nur ganz oder gar nicht, heiß oder kalt. Mittelmaß kam für ihn nicht in Frage. Als man ihm am Burgtheater kleine Nebenrollen anbot, sagte er ab. Das war taktisch nicht klug, aber es war Walther Reyer. Die Folge war, daß er von der Bühne des Burgtheaters verschwand. Ich hatte das Glück, ins heitere Fach ausweichen zu können. Er lernte es zu ertragen, daß er nicht mehr gefragt war. Einmal hat er mir gesagt: »Kurt, das wissen nicht viele, aber wenn ich aufstehe in der Früh, dann danke ich Gott, daß ich meine Hände spüre und meine Füße und daß ich denken kann. Das ist wichtiger als alles andere.«

Natürlich war Walther Reyer aufgrund seines Äußeren, seiner Ausstrahlung und seines Charmes von Frauen eingekreist. Mal mehr und mal weniger. Wenn man so gut aussieht wie er, dann ergeben sich eben viele Konflikte. Leidenschaft und Lebensfreude stehen aber auch in unmittelbarem Zusammenhang mit der Leistung, die man auf der Bühne bringt. Hans Holt zum Beispiel ist jeden Abend gleich nach der Vorstellung zu seiner Frau nach Hause gegangen. So hat er aber auch gespielt.

Als Lebenspartner war Walther Reyer sicher nicht immer einfach. Ich erinnere mich an einen Abend, als wir gegen Mitternacht nach der »Jedermann«-Vorstellung im »Goldenen Hirschen« ankamen. Walther rief seine damalige Frau an und bat sie, in die Bar herunterzukommen. Sie hatte schon geschlafen, sagte, sie sei

DAS SPIEL UM LEBEN UND STERBEN: WALTHER REYER MIT KURT HEINTEL

Es fügte sich so …

müde. Er aber bestand darauf, sie in der Bar zu sehen, und das, obwohl sie hochschwanger war. »Man muß sie fest anpacken, die Maidelein«, zwinkerte er mir zu.

Bequem war es vermutlich nicht, mit ihm zu leben. Er forderte viel. Aber noch mehr vermochte er zu schenken.

Der letzte klassische Held –
Höhen und Tiefen

Walther Reyers Stimme verstummt

Walther Reyer hätte im Sommer 1999 in Perchtoldsdorf unter der Regie von Gerhard Tötschinger die Rolle des Lunardo in Carlo Goldonis Komödie »Die Grobiane« spielen sollen. Er freute sich auf diese Rolle wie ein Kind: »Endlich wieder auf der Bühne. Endlich wieder spielen!« Am 28. Juni rutschte er während der Hauptprobe auf einer regennassen Holzstiege aus, stürzte und schlug mit dem Hinterkopf schwer auf. Kaum aus dem Krankenhaus entlassen, kämpfte er mit der Kraft eines Löwen gegen die Schmerzen und die Schwindelanfälle an: »Ich muß spielen. Ich muß es für mich tun!«

Er konnte in Perchtoldsdorf nicht mehr auftreten, Gerhard Tötschinger hat seinen Part übernommen. Die Luft seiner Heimat Tirol aber durfte Walther Reyer noch einmal atmen. Am 1. August flog er nach Innsbruck und konnte vom Flugzeug aus ein letztes Mal auf seine geliebten Berge hinabschauen.

Walther Reyer starb am 5. September 1999 in Innsbruck. Friedlich, ohne Schmerz und ohne Kampf.

Daß seine wunderbare Stimme – wahrscheinlich die schönste, die je auf dem Salzburger Domplatz erklungen ist – so unerwartet und rasch für immer verstummen würde, war zu Beginn der Arbeit an dieser Biographie

PERCHTOLDSDORF, SOMMER 1999

nicht abzusehen. Dank der Mitarbeit seiner Ehefrau Angela gelang es zwar, die beiden letzten Kapitel »Ausflüge ins Unterhaltsame – Filme« und »Die Karriere, ein Mensch zu werden – Familie« zu komplettieren. Das folgende Kapitel behandelt Walther Reyers große Premieren am Theater bis hin zum Ausklang seiner Karriere auf der Bühne. Anhand der Aussagen von Walther Reyers Weggefährten und Kollegen wurde dieser Text zusammengestellt.

Im September 1955 eröffnete des Burgtheater, nachdem alle Schäden des Zweiten Weltkrieg repariert worden waren, mit einem glanzvollen Fest. Eine neue Ära unter der Leitung von Direktor Adolf Rott begann. Auch für Walther Reyer begann eine glanzvolle Ära, denn er spielte von Anfang an das Fach der ersten und guten Rollen, wie den Alphons in »Jüdin von Toledo«, in »Don Karlos« den Karlos. Da er von der Josefstadt nur »ausgeliehen« war, verpflichtete ihn der folgende Direktor, Ernst Haeusserman, 1959 fix an das Haus. Als Max Piccolomini in der »Wallenstein«-Trilogie feierte er seine ersten Triumphe. Zuvor durfte Walther Reyer für zwei Inszenierungen an die Bühne der Josefstadt zurückkehren, für Goethes »Clavigo« und Schnitzlers »Der grüne Kakadu«.

»Clavigo« rettete die Ehre des Theaters in der Josefstadt als Stätte für Klassikeraufführungen. Regisseur Franz Reichert bot mit dieser Inszenierung alles, was er zuvor in »Kabale und Liebe« schuldig geblieben war. Walther Reyer und Kurt Heintel dominierten die Aufführung, ergänzten einander prächtig. Reyer spielte farbig nuancenreich, romantisch, Heintel beseelt, kräftig, in mitreißender Geradlinigkeit. Hans Weigel, der prominenteste und gefürchtetste Theaterkritiker seiner Zeit, jubelte in seiner Kritik: »So zwei wie die zwei sind derart sehens- und hörenswert, daß ich im Geist schon sagen höre: ›Ja, damals, wie noch der Reyer und der Heintel in ›Clavigo‹, erinnert ihr euch, Kinder – aber heute?‹«

Für Walther Reyer begann nun ein unruhiges Leben, er war praktisch ununterbrochen unterwegs. Dreharbeiten, Proben, Premieren. Sein Arbeitsaufwand war gigantisch, eigentlich unvorstellbar. Und doch ließ er keine Gelegenheit aus, sich zu amüsieren.

Elfriede Ott erinnert sich an diese Zeit: »Ernst Waldbrunn und ich haben damals in unserer Wohnung am Michaelerplatz immer wieder Feste gegeben. Wir luden viele meiner Kollegen ein, darunter Helly Servi, Hans Holt, Walther Reyer. – An den Walther erinnere ich mich als einen besonders charmanten, etwas lauten Menschen. Er war aber andererseits nie so laut, daß die anderen nicht mehr dagewesen wären. Allerdings hat er auch kaum eine Blödelei ausgelassen. Als unser Haus einmal eingerüstet war, konnten wir ihn nicht davon abhalten, beim Fenster hinaus über das immerhin schwindelerregend hohe Gerüst beim anderen Fenster wieder hereinzuklettern. Solche Aktionen hat er geliebt. Er konnte damit zeigen, was für ein toller Bursche er war.«

Im Herbst 1960 wurde Eugene O'Neills Spätwerk »Ein Mond für die Beladenen« als österreichische Erstaufführung am Akademietheater inszeniert. Heidemarie Hatheyer begeisterte in der Rolle der Josie durch bezwingende, ja geradezu bestürzende Wandlungsfähigkeit. Für Walther Reyer bedeutete der »Mond der Beladenen« Neuland. Er hatte diesmal seine erprobten Vorzüge im heldischen Pathos durch denkbar unheldische Hilflosigkeit, die stürmische Selbstgewißheit der Klassikerrollen durch verhaltenes Suchen und Tasten zu ersetzen. Das glückte ihm so glaubhaft, daß ihm

ALS JASON IN »DAS GOLDENE VLIESS«,
BURGTHEATER 1960

die Kritik die Eroberung auch dieses neuen Gebietes freudig bescheinigte.

Zu einem großen Triumph wurde für Reyer Franz Grillparzers Trilogie »Das goldene Vließ«. Nach der Premiere am 3. Dezember 1960 gab es begeisterten Schlußbeifall für seinen packenden Jason und die erschütternde Medea Heidemarie Hatheyers. »Walther Reyer, im ›Argonauten‹-Teil der große, leichtfertige und zugleich hypnotische Held, glanzvoll seine Mittel sicherer Bewegung und

EIN BURGTHEATER-AUSFLUG: AUGUSTE PÜNKÖSDY, WALTHER REYER, INGE KONRADI, OTTO SCHMÖLE, LOTTE TOBISCH (V. L.)

Sprachkunst einsetzend, zeigt schließlich in ›Medea‹ auch die feineren Werte seines eigensüchtigen, verlogenen, verschlagenen und in auswegloser Schuld versinkenden Jason mit reifer Künstlerschaft«, begeisterte sich die Kritik. »Walther Reyer war der geborene Jason. Einer, der nicht aus der Hochburg des verfeinerten Griechentums kam, sondern von der Peripherie des Kaukasus.«

Auch die nächste Premiere am Burgtheater führte ins antike Griechenland. Für Sophokles' »Antigone« hatte Fritz Wotruba mit seinen rahmenden Blöcken einen grandiosen Schauplatz geschaffen. Die Antigone spielte in dieser Inszenierung Joana Maria Gorvin. Reyer verehrte die großartige Schauspielerin vom Schillertheater Berlin, ihr verdankte er viele künstlerische Impulse und genoß es sehr, mit ihr auf der Bühne zu stehen. Entsprechend perfekt legte er die Temperamentausbrüche des Haimon hin. Die Ovationen nach der Vorstellung wollten nicht enden.

Der deutschsprachigen Erstaufführung des Stückes »Die Reise« von Georges Schehadé am Akademietheater vom 15. September 1961 waren heftige Turbulenzen vorausgegangen.

Der Regisseur Werner Düggelin sagte ab, und so wurde Axel Corti als neuer Regisseur verpflichtet. Schnell erkannte Corti, daß er mitten in einem Chaos proben sollte. Mit einem Hauptdarsteller, der die Premiere nicht spielte, mit Walther Reyer, der nur zwei Vorstellungen spielen konnte und aus Termingründen umbesetzt werden mußte.

Die Premiere wurde eine Katastrophe. Es ging alles schief, was nur schiefgehen konnte. So ging z. B. ein Schuß aus einer Pistole erst los, als der Schauspieler die Waffe bereits weggeworfen hatte.

Diese Pistole leistete in Walther Reyers Händen dann doch noch gute Dienste. Als er einmal tagelang auf einen Termin bei Direktor

EIN ABSTECHER ZU ARTHUR SCHNITZLER: TITELROLLE IN
»DER JUNGE MEDARDUS«, BURGTHEATER 1962

Haeusserman warten mußte, riß ihm die Geduld, er holte seine Waffe aus der Requisitenkammer, stürmte damit ins Sekretariat und rief lautstark »Tür auf!« – Und schon war er im Allerheiligsten bei Direktor Haeusserman.

Walther Reyer, der Frauen immer gerne sah und bei Frauen gerne gesehen war, trieb sich bei jeder Gelegenheit in den Damengarderoben herum. Er war immer guter Laune und für jeden Unfug zu haben. Es wurde viel gelacht, er störte die Konzentration der Kollegen, weil sie immer über ihn lachen mußten. Nach den Vorstellungen gingen die Schauspieler in das »Laterndl«, dort saß man am Stammtisch neben der Theke. Herr Schober, der Kellner dort, war bekannt für seinen Grant und seine schlechte Laune. Er konnte den Mund nur dann zu einem Lächeln verziehen, wenn Walther Reyer kam und mit ihm blödelte. Das war dann für ihn das höchste der Gefühle.

Am Akademietheater inszenierte Rudolf Steinboeck Goethes »Stella« mit Aglaja Schmid und Walther Reyer. Rudolf Steinboeck war ein genialer Regisseur, sanft und behutsam mit den Schauspielern. Wenn ihm etwas nicht gefiel, übte er nie Kritik, es wäre ihm nie über die Lippen gekommen zu sagen »Du scheinst keinen guten Tag zu haben«, sondern er versuchte über Umwege dem Schauspieler weiterzuhelfen. Die einzige Schauspielerin, die es mit ihm schwer hatte, war seine Frau Aglaja Schmid. Bei ihr kannte er keine Rücksicht. Er kam auf die Bühne und sagte: »Warum bist du denn heute so schlecht?« Aglaja Schmid nahm es nicht tragisch, sie führte mit Steinboeck eine jahrzehntelange harmonische Ehe und wußte Privatleben und Beruf zu trennen.

Walther Reyer arbeitete mit Rudolf Steinboeck besonders gerne zusammen. Es entwickelte sich eine enge Freundschaft. Die Ehepaare Reyer und Steinboeck feierten gemeinsam Silvester, besuchten einander, fachsimpelten, denn Gesprächstoff gab es im Winter 1963 genug, die nächste Arbeit, Kleists »Amphitryon« stand ins Haus. Für dieses Stück hatte Paul Flora das Bühnenbild entworfen, eine scheinbar gewichtlose, schwebende Konstruktion aus Draht und Linien. Walther Reyer trug eine Perücke unter seinem Helm. Bei der Generalprobe passierte es, die Perücke flog in hohem Bogen in den Souffleurkasten. Der Theaterfrisör befestigte die

Perücke stabiler auf dem Kopf, aber trotzdem warteten alle Kollegen bei jeder Vorstellung schadenfroh auf diese Szene. Leider blieb die Perücke nun fest, dort wo sie hingehörte: auf dem Kopf.

Für Aglaja Schmid war diese Inszenierung ein schwarzer Fleck in ihrer Karriere: »Die Kritiken haben mich zerrissen.« Aber auch Gernot Friedel, damals Assistent von Rudolf Steinboeck, weiß nicht viel Positives darüber zu berichten: »Dieses Stück ist auf hohem Niveau danebengegangen.«

Der nächste glanzvolle, wirklich bedeutende Burgtheaterabend kam mit Shakespeares »König Richard II.«. Regie führte Leopold Lindtberg. Lindtberg wurde von allen Schauspielern geliebt. Inge Konradi, die ihn liebevoll »Lindi« nannte, charakterisiert ihn als hervorragend, verläßlich, präzis und als etwas ganz Besonderes.

Bei den Arbeiten an »Richard II.« war Lindtberg in Hochform und riß auch Walther Reyer mit. Am Anfang fiel es Walther Reyer sehr schwer, den Richard zu erarbeiten, aber später, als der Machtverlust Richards einsetzte, gelang es ihm, die Szenen so packend darzustellen, daß sie sich über Jahrzehnte ins Gedächtnis vieler Theaterbesucher einprägten. Die Probenarbeiten zu dieser Rolle hielten Walther Reyer so sehr besetzt, daß er zu Hause seiner Frau und den Kindern die einzelnen Szenen als Privatvorführung vorspielte. Im Überschwang der Gefühle setzte er sich auf den Küchenherd. Die Kochplatte war noch heiß. Die Blasen an seinem Allerwertesten zeigte er, nachdem der erste Schmerz vergangen war, all seinen Kollegen und Kolleginnen gern.

Das 75jährige Jubiläum des Burgtheaters wurde glanzvoll gefeiert. Das Publikum aber verließ in der Pause fluchtartig das Theater. Das war weder die Schuld des Regisseurs noch des Stücks noch der Schauspieler. Der Grund war die Überlänge des Gebotenen.

Karl Böhm dirigierte zum Auftakt des Abends Mozarts »Jupiter-

WALTHER REYER UND CHRISTIANE HÖRBIGER IN
»DER VERSCHWENDER«, THEATER AN DER WIEN 1963

Symphonie«, im Anschluß daran trugen fünfzehn prominente Schauspieler des Burgtheaters Anekdoten über das Burgtheater vor. Erst danach wurde Harald Zusaneks Stück »Welttheater« uraufgeführt.

Die Kritiker äußerten sich trotz Überforderung des Publikums lobend über die schauspielerischen Leistungen: »Walther Reyer leiht der Riesenrolle des zum König emporsteigenden Bettlers seine große deklamatorische Kraft«, hieß es.

Die nächste Premiere, Raimunds »Verschwender«, inszeniert von Kurt Meisel im Theater an der Wien, geriet zu einem Fest für Inge Konradi und Josef Meinrad. »Meinrads ›Valentin‹, das ist ein Gipfelpunkt österreichischen Theaters«, jubelte die Kritik. »Einen Valentin wie diesen muß man haben, um den ›Verschwender‹ spielen zu können, und eine ›Rosl‹ wie Inge Konradi.« Für Walther Reyer war es nicht leicht, neben dieser »maximalen Idealbesetzung« als Flottwell zu bestehen. Dennoch gelang es ihm, dem Flottwell eine Note zu geben, mit der er trotzdem im Mittelpunkt stand.

In Shakespeares »Macbeth« spielte Walther Reyer den Macduff. Lady Macduff war Judith Holzmeister, damals mit Curd Jürgens verheiratet, die Jahre zuvor mit ihm gemeinsam in der grandiosen »Maria Stuart« Triumphe gefeiert hatte. Judith Holzmeister weiß noch heute: »Er hatte eine springende Sprache, eine springende Natur, ausschweifend in Zuneigung zu Himmel, Erde Schnee und Bläue. Mit Schatten und Brechungen, sehr geeignet, gebrochene Naturen darzustellen. Man sieht ihn in Erinnerung immer bei den Klassikern, aber für meinen Mann Bruno Dallansky und mich war er ein Russe, ein Tschechov, ein Tolstoij.«

In einer Vorstellung von »Macbeth« hatte der Requisiteur den Tisch vergessen, um den die Schauspieler sitzen sollten. Die Stühle standen allein auf der Bühne. Die Schauspieler mußten sich um einen Tisch setzen, den es nicht gab. Das ging natürlich nicht ohne Gelächter ab, auch das Publikum unterhielt sich gut. Es wurde selten in »Macbeth« so viel gelacht.

Zu einem großen Abend des Burgtheaters wurde die Premiere von O'Neills »Seltsames Zwischenspiel«. Ein Stück voll atmosphärischer Dichte, das mit dem Schicksal einer amerikanischen

Familie auch ein Zeitalter darstellte. Walther Reyer spielte den jungen Arzt, der ein seltsames Experiment wagte, nämlich Vater zu werden und nicht zu lieben. Wie er dann doch der Liebe verfällt, das führte seine Rolle zu immer neuen Entfaltungen. »Er ist natürlich, verhalten, leidenschaftlich, er wandelt sich nicht nur, er wächst mit jeder Szene«, schreibt der Kritiker Friedrich Schreyvogl.

Mit größter Freude und mit dem ihm eigenen Engagement spielte Walther Reyer seine nächste Rolle, den »Karl Moor« in Schillers »Räuber«. Das war wieder einmal eine Gelegenheit, Kraft und Gefühl zu zeigen, daneben auch leise Töne anzuschlagen. In seinem Spiel brannte wirkliche Leidenschaft. Das Publikum dankte es mit nicht enden wollendem Beifall.

Franz Grillparzers »König Ottokars Glück und Ende« war das einzige Stück, in dem Walther Reyer im Laufe seiner Karriere drei verschiedene große Rollen spielte. Dahinter stand nicht nur das vielgepriesene Naturtalent, sondern auch die Disziplin des Schauspielers. Er hatte mit Textangst und mit Nerven zu kämpfen. Je näher die Premiere kam, desto nervöser wurde er. Inge Konradi sagte: »Er hat Tag und Nacht gelernt. Es stimmt schon, daß es leichter geht, je mehr man im Textlernen drinnensteckt, aber es bedeutet jedesmal wieder eine ungeheure Anstrengung. Walther hat seinen Beruf geliebt, deshalb hat er alle Mühe auf sich genommen.«

Diese Kraft brauchte er sicher, gerade um die Jahreswende 1965/66. Nur vier Wochen nach »König Ottokar« hatte Grillparzers »Der Traum ein Leben« Premiere – und Walther Reyers Rolle des Rustan war ein extrem schwieriger Text, an dem er zu kauen hatte.

IN DREI VERSCHIEDENEN ROLLEN BEGEISTERTE WALTHER REYER IN »KÖNIG OTTOKARS GLÜCK UND ENDE« – HIER ALS OTTOKAR, BURGTHEATER 1965

Die »Verfolgung und Ermordung Jean Paul Marats« von Peter Weiss war eines jener modernen Stücke, die Walther Reyer auf Anhieb faszinierten. Es führte ihn nach langer Zeit wieder einmal von seinen geliebten Klassikern weg, zeigte damit, wie groß seine schauspielerische Bandbreite tatsächlich war.

Schon sechs Wochen später stand Reyers Spiel wieder ganz im Zeichen der Klassik. Goethes »Iphigenie auf Tauris« hatte am 23. April 1968 im Burgtheater Premiere. Judith Holzmeister spielte die Iphigenie, Walther Reyer den Orest. Gehetzt, zerbrochen, verbittert zuerst, dann nach der erlösenden Vision versöhnt.

Judith Holzmeister hat diese gemeinsame Arbeit zwar nachhaltig beeindruckt, aber sie spielte trotzdem diese Rolle nicht gerne mit ihm, da Walther Reyer sehr oft Hänger hatte. »Privat verstanden wir uns gut«, sagte Judith Holzmeister, »wir waren beide Tiroler. Er hat es manchmal ein bißchen zu viel betont für meine Begriffe. Aber wenn er zu mir ›mei Larchene‹ (aus Lerchenholz geschnitzte) gesagt hat, habe ich mich schon sehr als Tirolerin gefühlt.«

Im Juli und August 1968 war das Burgtheater mit »Iphigenie« auf Gastspiel bei den Bregenzer Festspielen. Walther Reyer hat immer wieder gesagt: »Warum muß ich Goethe hinter dem Arlberg spielen statt in Innsbruck?« – Gut möglich, daß in dieser Aussage die Basis für seine spätere Teilnahme an den Tiroler Spielen zu finden ist.

Aber noch war es nicht soweit, noch warteten am Burgtheater große Aufgaben. – Wenn man nun alle Rollen, die Walther Reyer dann noch gespielt hat, aufzählen wollte, würde dies ein Theaterführer werden, denn er spielte alles, was gut und teuer war.

1972 begann für Walther Reyer eine neue Ära, der Fachwechsel, weg vom Klassiker, hin zu Schnitzler, Hofmannsthal und Bahr. Er

Es fügte sich so ...

»DAS WEITE LAND«: EVA VOGEL, WALTHER REYER, HARALD HARTH,
AGLAJA SCHMID, JOSEFSTADT 1972 (V. L.)

wurde vom Burgtheater an das Theater in der Josefstadt beurlaubt, um dort zum ersten Mal den Hofreiter in Schnitzlers »Das weite Land« zu spielen. Regie führte Ernst Haeusserman. Ihm gelang es in wunderbarer Weise, Schnitzlers Hauch von Eleganz und Brüchigkeit auf die Bühne zu zaubern. Aglaja Schmid, ebenfalls von der Burg beurlaubt, war als Genia perfekt: Eine stille, ernste Frau, eine Dame ersten Ranges. »Walther Reyer zeigte den Hofreiter einfach umwerfend gut. Das Draufgängerische, das Über-Leichen-Gehen, die Eifersucht, alles das zeigte er mit größter Genialität«, erinnert sich Aglaja Schmid.

Achim Benning wurde neuer Burgtheaterdirektor, und Walther

Reyers Aufgaben wurden immer weniger. Die Chemie zwischen den beiden stimmte nicht, und so wurde Reyer nur noch sporadisch eingesetzt. Nachdem er den Weislingen in Goethes »Götz von Berlichingen« gespielt hatte, verging ein ganzes Jahr, bis ihm die nächste Rolle angeboten wurde. Er spielte den Leicester in »Maria Stuart« – es waren zwanzig Jahre vergangen, seit er als unvergessener Mortimer auf der Bühne gestanden hatte.

Im Januar 1976 inszenierte Gerhard Klingenberg zum Burgtheaterjubiläum Grillparzers »König Ottokars Glück und Ende«. Walther Reyer verkörperte diesmal den Rudolf von Habsburg. Die Kritiker schrieben: »Der Rudolf ist eine der schönsten, der eindringlichsten, stillsten Leistungen Walther Reyers!« Trotzdem mußte wieder ein dreiviertel Jahr bis zum nächsten Rollenangebot vergehen.

Die Ehe mit Claudia ging zu Ende, die Familie zerbrach, dazu kam noch die berufliche Enttäuschung. – Es war ganz sicher die schwierigste Zeit im Leben von Walther Reyer.

Der Sommer 1977 war ein verregneter Sommer in Salzburg. Bis zur Premiere glaubte man noch, daß der »Jedermann« – die Reinhardt-Gedächtnisaufführung – ins Große Festspielhaus verlegt werden müsse. Am Tag der Premiere hellte sich der Himmel auf, und es konnte auf dem weiten Domplatz gespielt werden.

Das Besondere an dieser Aufführung war, daß man die vorhergegangenen »Jedermänner« eingeladen hatte, in anderen Rollen aufzutreten. So spielte Will Quadflieg den Tod, Ewald Balser die Stimme des Herrn und Walther Reyer den Guten Gesellen. Es war die erste Aufführung, in der Mikrofone eingesetzt wurden, denn Jedermann Curd Jürgens war stimmlich der Weite des Platzes nicht gewachsen.

Es fügte sich so ...

Im Burgtheater aber wartete Walther Reyer immer noch auf gute Rollen. Zwar sprach er in »Troilus und Cressida« den Prolog und spielte in den 80er Jahren den Donadieu in Hochwälders »Donadieu«, aber dann trat eine jahrelange Pause ein, die ihn zutiefst deprimierte.

Walther Reyer hat diese Entwicklung schwer verkraftet. Jahre später sagte er in einem Interview: »Ja, eines Tages war es so, daß ich nicht mehr die Rollen bekommen habe, die ich eigentlich hätte bekommen sollen. Aber ich habe Abstand bekommen. Den braucht man, wenn man etwas sehr liebt und es dann plötzlich nicht mehr hat. Wenn man da keinen Ausweg findet aus der Situation, dann leidet man sehr darunter. Ich kenne Kollegen, die sind zerbrochen daran. Es gibt Schauspieler, die dahinsiechen, weil man sie nicht mehr beschäftigt. Mir ist es gelungen, in ein anderes Leben hineinzufinden. Natürlich, wie ich jung war und einmal den Don Karlos gespielt habe, da habe ich auch gedacht: Vielleicht spiele ich einmal den König Philipp, wenn ich alt bin. Das hat nicht stattgefunden, diese Entwicklung, die andere Schauspieler vorher hatten. Das ist ein trauriges Kapitel. Aber: Es fügte sich so.«

Walther Reyer fand einen Ausweg aus dieser Situation. Er spielte bei Sommerfestspielen wie auf Burg Forchtenstein Grillparzer, später bei den Tiroler Spielen, und er ging auf zahlreiche Tourneen. Über letzteres sagte er Jahre später: »Nicht sehr schön, aber sehr anstrengend. Aber ich habe ganz Deutschland kennengelernt, und ich habe mich vom Burgtheater befreit und war nicht in Wien. Es war mir unangenehm, wenn ich auf der Straße gefragt worden bin: ›Ja, warum spielen Sie denn nichts?‹«

1979 spielte er wieder in Österreich: den Hofreiter in Maximilian

Schells Inszenierung von Schnitzlers »Weitem Land« für die Salzburger Festspiele. Einmal mit Nicole Heesters als Genia, einmal mit Christiane Hörbiger.

Gelegentlich stand Walther Reyer in Wien doch noch auf der Bühne. Im Winter 1982/83 spielte er im Akademietheater den Dr. P. Riemenschild in Rolf Hochhuths »Ärztinnen« an der Seite seiner verehrten, weil so zarten und vom Schicksal auch nicht verschont gebliebenen Kollegin »Traudl« Gertraud Jesserer. Und dann, 1985, den Oberon in Botho Strauß' vielbeachtetem Stück »Der Park«, das unter der Regie von Horst Zankl am Burgtheater aufgeführt wurde.

In Strindbergs »Gespenstersonate«, die im Mai 1988 unter der Regie von Cesare Lievi am Akademietheater Premiere hatte, ging es düster zu. »Sind die alten Charakterschauspieler erst wieder einmal losgelassen!« schrieb Hans Haider in der »Presse«. »Walther Reyer bäumt sich plötzlich kraftvoll auf, schlägt mit den Krücken auf den Tisch, ist der vitale Gewalttäter und Immobilienlöwe wie im Buch. – Doch die Mumie siegt, wenn Gusti Wolf sich anschleicht als Würgeengel – und doch nur wie ein Papagei krächzen muß, um den Alten in den Tod zu schicken.«

Eines Tages teilte Claus Peymann Walther Reyer trocken mit, daß er seine Garderobe räumen solle, denn er (Peymann) brauche diesen Raum, da er ihn zu seiner Ruhe- und Schlafstätte ausgewählt habe. Die Frage Walther Reyers, warum ein Burgtheaterdirektor im Theater schläft und nicht arbeitet, trug nicht zu einer amikalen Lösung dieses Problems bei.

Auf das Äußerste gekränkt und wütend nahm Walther Reyer zunächst einmal seine persönlichen Sachen mit. Kurze Zeit später wurde aus der Direktion des Burgtheaters angerufen und Walther

Es fügte sich so ...

»ELENA UND ROBERT« MIT ERNI MANGOLD, RABENHOF 1998

Reyer mitgeteilt, daß er seine restlichen Sachen endlich abholen solle. Gemeinsam mit seiner Frau Angela kam er ins Burgtheater. Dort wußte zunächst niemand, wo seine Sachen waren, und nach langem Fragen und Herumtelefonieren führte ihn der Bühnenportier in den hintersten Winkel des Kellers, wo er seinen Schminkmantel, seinen Schminkkoffer, all diese Dinge, die er in seiner Garderobe zurückgelassen hatte, auf einen Haufen hingeworfen fand. Dem Bühnenportier war das besonders peinlich, er entschuldigte sich immer und immer wieder bei Walther Reyer.

Walther Reyer zog sich daraufhin nach Tirol zurück – er sprach nie wieder über dieses Erlebnis, denn Dinge, die ihm wirklich tief gingen, erwähnte er nicht mehr.

Nach Jahren kam ein reizvolles Angebot, am Rabenhof mit Erni Mangold in Gundi Ellerts Stück »Elena und Robert«, unter der Regie von Rüdiger Hentzschel ein altes Liebespaar zu spielen.

Karin Kathrein unterstreicht im »Kurier« die ungebrochene schauspielerische Stärke des großen Schauspielers: »Walther Reyer, intensiv wie eh und je, zeigt den Robert als einen Mann, in dem alle Lebensgeister vom Mitgefühl für eine einst verehrte Diva wieder erweckt werden. Aus Mitgefühl wird Liebe, und mit der Liebe glaubt er Riesenkräfte mobilisieren zu können. Wie Reyer das spielt, sehr zurückgenommen und uneitel in seiner Illusionslosigkeit zu Beginn, dann voll Lebensfreude, Vitalität und Zärtlichkeit, das macht Hoffnung auf zukünftige Begegnungen.«

Diese Hoffnung hat sich nicht erfüllt. Walther Reyer sollte zwar im Jahr 2000 in der Josefstadt die Rolle des Altenwyl in Hofmannsthals »Schwierigem« spielen. Dazu kam es nicht mehr. Es fügte sich so.

Schauspielerin Professor Inge Konradi:
»Ich war Walthers Kumpel.
Fünfundvierzig Jahre lang.«

Der 14. September 1955 ist ein historisches Datum für die Geschichte Österreichs. Aber auch für mein Leben: An diesem Tag wurde das Burgtheater nach dem Krieg wiedereröffnet. Und an diesem Tag begann meine lange und wunderbare Freundschaft mit Walther Reyer.

Diese beiden weittragenden Ereignisse überschnitten sich und griffen ineinander über, als nach dem feierlichen Staatsakt, den wir Schauspieler in Reihen goldener Stühle auf der Bühne miterlebt hatten, ein scheuer junger Mann ganz allein in einer Ecke des Foyers stand und nicht recht wußte, wie er sich verhalten sollte. Judith Holzmeister, mit der ich durchs Foyer schlenderte, ging auf ihn zu und sagte: »Ach, du bist der Neue, sei nicht so scheu, komm mit uns!«

Von da an gingen Walther und ich gemeinsam durchs Leben. Zwar nicht immer Seite an Seite und oft über lange Zeiträume getrennt, aber immer wie durch ein unsichtbares festes Band verbunden. Wir waren Spezln, Kumpel. Wenn ich sage, wir waren Freunde, dann verwende ich ein Wort, das ich nur selten gebrauche, denn Freunde müssen geben und nehmen. Wir konnten beides. Also waren wir Freunde. Ich habe alles mit ihm erlebt, seine Frauen und seine Scheidungen, die Geburten seiner Kinder und

Es fügte sich so ...

viele seiner Erfolge. Wir hatten nie eine Liebesbeziehung, sondern etwas noch viel Schöneres: Ich war sein »Inge Madl«. »Inge Madl, red mit der Gretl Elb, da kommt meine schöne Französin«, konnte er zum Beispiel sagen, wenn es bei einem Empfang eines Ablenkungsmanövers bedurfte. »Inge Madl, hilf mir, ich hab bis Mitternacht im Laterndl sitzen müssen, sag der Gretl Elb, du warst dabei!« Umgekehrt war er immer zur Stelle, wenn es mir schlecht ging und ich ihn brauchte.

Ich bin ähnlich aufgewachsen wie er, auch mein Vater war ein politisch Verfolgter gewesen, ein frommer Christ und in allem ein nobler, strenger Mann. Unser immenses Arbeitspensum hat uns ebenfalls verbunden. Es gab Zeiten, in denen hatte ich zweihundertsiebzig Vorstellungen pro Jahr, bei ihm war es nicht anders.

Dem Burgtheater hielt Walther Reyer stets die Treue. Er hätte viele andere Möglichkeiten gehabt, sogar ein Angebot aus Hollywood. Aber er wollte an der Burg bleiben. Er war auch der einzige Schauspieler weit und breit, der wirklich alles spielen konnte. Der Bogen seines Könnens spannte sich von den Klassikern bis zu den modernen Rollen. Und singen konnte er überdies noch.

Es war wirklich ein großes Glück, ihn am Burgtheater zu haben. Ich erinnere mich an die Arbeiten an »Der Widerspenstigen Zähmung« und am »Verschwender«. Die Proben und die Aufführungen waren die reine Freude. Wir konnten den Gedanken des anderen geradezu riechen. Eine kleine Bewegung von mir, und er reagierte, es war einfach herrlich.

Zu meinen schönsten Erinnerungen zählt die Zeit in Salzburg. Ich habe acht Sommer lang dort alles gespielt, Nestroy-Stücke, Kleists »Zerbrochenen Krug«, Goethes »Clavigo«. Wir wohnten

INGE KONRADI

nah beieinander, steckten viel zusammen, auch unsere Familien lernten sich kennen. Mein damaliger Ehemann, der aus Italien stammende Bildhauer Wander Bertoni, hat Walther sehr geschätzt. Er nannte ihn scherzhaft immer den Abruzzenhäuptling.

Walther war immer offen, persönlich, kollegial. Er war sehr fleißig, lernte seinen Text auf und ab gehend wie ein Panther, kam immer vorbereitet zu den Proben. Er hat nichts auf die leichte Schulter genommen. Er wußte, er war die erste Besetzung für eine lange Reihe von Stücken. Aber es war ihm auch klar, daß er sich das immer wieder hart erarbeiten mußte.

Daß er ein Choleriker war, ist unbestritten. Aber er konnte auch zurückhaltend sein. Bevor er auf die dumme Bemerkung eines Regisseurs etwas gesagt hätte, ist er lieber still hinausgegangen. Es gab aber auch Leute, die hat er behandelt wie einen Fetzen. Oft waren das die »Weiber«. Natürlich hat es ihm auf der einen Seite gefallen, daß sie ihm nachgelaufen sind wie die Hunderl oder ihm die Tür eingetreten haben, auf der anderen Seite hat er es aber auch gehaßt.

Sicher ist, daß Walther Reyer etwas ganz Besonderes war. Wenn ich daran denke, daß er nicht mehr da ist, rinnt es mir kalt den Rücken hinunter. Ich träume von ihm, ich rede mit ihm, ich stelle ihm Fragen. Und ich habe das Gefühl, daß mir sein Weggehen eine tiefe Wunde zugefügt hat.

Regisseur Gernot Friedel:
»Ich war die siebzehnjährige Maria im Hotel Maria Theresia, Zimmer 117.«

Das erste, was mich an Walther Reyer faszinierte, war seine nahezu unerschöpfliche Urkraft. Als ich ihn in Salzburg kennenlernte, probierte er gerade mit Gottfried Reinhardt den »Jedermann«. Daneben spielte er unter Leopold Lindtberg den Tischler in Nestroys »Lumpazivagabundus«, wo ich Regieassistent war. Nicht genug damit, machte er so manche Nacht durch. Und trotz allem hatte man das Gefühl, er hätte noch mehr verkraftet, hätte ruhig noch weitere Rollen spielen können. Er wirkte nie ausgelaugt, nie erschöpft.

Es kam vor, daß wir nach den Proben noch zu Freunden gingen und dann gemeinsam durch die Lokale zogen. Manchmal hat er mich danach noch zu seiner Familie mitgenommen. Dort saßen seine Kinder, die er übrigens sehr liebte, frühmorgens brav um den Frühstückstisch herum. Vom Tisch weg sind wir dann zu den Proben gegangen. Ich auf allen vieren. Er, als wäre nichts gewesen. Ich verzweifelt bemüht, die Probe irgendwie durchzustehen. Er voller Vitalität, ganz in seinem Element.

Maximilian Schell inszenierte in Salzburg Schnitzlers »Das weite Land«. Das war eine totale Brezn, also ein Mißerfolg, weil Schell den Text auf einen Krimi zusammengestrichen hatte. Später übernahm ich das Stück, und es wurde dann doch noch gelobt –

WALTHER REYER IN NESTROYS »LUMPAZIVAGABUNDUS«

Walther Reyer war einfach der ideale Hofreiter. Er brachte alles mit, was für diese Rolle nötig war. Er hatte das Bestimmende, fast Machohafte, obwohl er kein Macho war, eher ein Liebhaber des Weiblichen. Walther Reyer hatte Hofreiters Charme und denselben Spürsinn für heraufziehende Katastrophen. Und er konnte wie Hofreiter seine eigenen Verletzungen wunderbar überspielen.

Die Zeit, als er am Burgtheater immer weniger und dann gar nicht mehr beschäftigt wurde, fiel mit der Gründung der »Tiroler Spiele« auf Burg Hasegg in Hall zusammen. In unserem Team war damals alles, was in Tirol einen Namen hatte oder im Begriff war, sich einen zu machen: Dietmar Schönherr, Felix Mitterer, Kurt Weinzierl, Hans Brenner. Dort haben wir unter anderem Stücke des sozialkritischen Dramatikers Franz Kranewitter gespielt, »Die Trunksucht« und – was sonst hätte zu Walther Reyer gepaßt – »Die Sinnlichkeit«.

Einmal sagte er schon den ganzen Tag über: »Heute abend wird in der Burgtaverne gefeiert. Ich lade euch alle ein!« Wir wohnten damals alle in Innsbruck. Wenn wir aber bis spät in die Nacht probten, logierten wir im Hotel Maria Theresia in Hall. An diesem Abend ließ Walther in der Burgtaverne einen Liter nach dem anderen kommen, dazu Speck und Käse, wie es halt so ist in Tirol.

Plötzlich tauchte ein Rosenverkäufer auf. Ich kaufte unbemerkt eine Rose, nahm vom Ständer auf der Budel eine Ansichtskarte und schrieb darauf: »Lieber Walther Reyer! Mein Name ist Maria. Ich bin siebzehn, aber seit ich denken kann, verehre ich Sie. Ich bin heute nur durch Zufall in Hall. Ich wohne im Hotel Maria Theresia, Zimmer 117!« Ich gab die Karte und die Rose der Kellnerin und bat sie, ein bißchen zu warten und Walther dann beides zuzustecken. Als ich an den Tisch zurückkam, beschwerte er sich noch munter: »Wo bist denn so lang, wenn wir da alle feiern!«

Nach einem Weilchen kam die Kellnerin und brachte Walther Rose und Karte. Er las sie heimlich unter dem Tisch. Es dauerte nicht lange, da fing er schrecklich zu klagen an: »Mir ist gar nicht gut. Mein Gott, was ich heute für Magenschmerzen hab!« Wir sagten alle: »Aber Walther, was ist denn los, du hast doch gesagt, wir feiern heute!« Und er: »Nein, das geht auf keinen Fall, ich muß mich niederlegen. Seid's mir nicht bös'!« Schließlich stand er mit schmerzverzerrtem Gesicht auf, schleppte sich zur Tür und ver-

REGISSEUR GERNOT FRIEDEL, EIN LANGJÄHRIGER
FREUND VON WALTHER REYER

schwand. Zu Fuß Richtung Hotel Maria Theresia, denn er hatte ja keinen Führerschein.

Wir alle sprangen wie der Blitz in die Autos, fuhren ebenfalls zum Hotel, waren natürlich vor ihm dort, nahmen den Schlüssel von Zimmer 117 und legten uns auf die Lauer. Bald klopfte es an die Tür. Eine Dame von uns sagte ganz zart und leise »Herein«, und schon erschien Walthers Kopf. Als er uns sah, ging natürlich ein Donnerwetter los: »Ihr Verbrecher, ihr Mörder, ihr Schweinehunde!« Leider ist er sehr schnell dahintergekommen, daß ich der Urheber der ganzen Geschichte war. Wirklich übelgenommen hat er es mir nicht. Schließlich hat er für einen guten Spaß immer ein Herz gehabt.

Walther war ein guter Kollege. Er war hilfsbereit, und er war ein großer Einlader. Er hat das Geld mit vollen Händen ausgegeben, denn er bewegte sich gerne in großer Gesellschaft und stand gerne im Mittelpunkt. Das ging bei ihm auch immer sehr schnell. Seine unglaubliche Kraft hat die Frauen fasziniert. Walther Reyer war stets charmant, den Huren in der Kärntner Straße ebenso wie allen anderen Damen gegenüber. Er war einmalig. Ich bin mir ganz sicher: So einen wie den Walther gibt es kein zweites Mal.

Ausflüge ins Unterhaltsame – Filme

Es gibt Leute, die auf der Bühne großartig wirken und vor der Kamera nichts taugen. Das Auge der Kamera, das Objektiv, wird in diesen Fällen seinem Namen gerecht. Beim Film war auch ich mit vielem konfrontiert, das mich nervös machte. Aber zum Glück habe ich außer mit Fritz Lang auch mit geduldigen Regisseuren zusammengearbeitet.

Meine erste große Rolle beim Film war 1956 der feurige Graf Andrassy in der »Sissi«-Trilogie. Glutäugig und frech, verschaffte ich mir in dieser Rolle Zutritt zu den Privaträumen der Kaiserin. Den Zutritt zu ihrem Herzen versuchte ich dann in dem Teil »Sissi – Schicksalsjahre einer Kaiserin« ein Jahr darauf zu erzwingen. An die Dreharbeiten unter der Regie von Ernst Marischka erinnere ich mich mit größter Freude. Sowohl in den Wiener Studios als auch an den Drehorten in Ungarn war die Stimmung locker und entspannt. Wir hatten genug Zeit, uns zu amüsieren. Einmal habe ich während einer Drehpause so ausgiebig gespeist, daß meine Uniform beim Tanzen platzte. Für die Rolle der Sissi war ursprünglich Johanna Matz vorgesehen. Die Matz verkörperte das Idealbild des süßen österreichischen Dirndls. Ein Jahr vor Beginn der Dreharbeiten zu »Sissi« war sie in den Filmen »Der Kongreß tanzt« und »Mozart« vor der Kamera gestanden. Die Kaiserin Elisabeth durfte

Es fügte sich so ...

SISSI (ROMY SCHNEIDER) MIT DEM FEURIGEN GRAF ANDRASSY (WALTHER REYER) BEI DER WAHRSAGERIN, 1956

sie dann aber nicht spielen, denn Johanna Matz war bereits über zwanzig und Mutter eines Kindes. Das schien den Produzenten nicht so recht zum Image einer Sissi-Darstellerin zu passen. Romy Schneider hingegen war erst achtzehn. Ich erinnere mich an sie als ein zauberhaftes Wesen, nahezu eine Fee. Natürlich war ich auch abseits der Dreharbeiten von ihr fasziniert. Ein bißchen war ich damals ständig in sie verliebt. Ihr tragischer Tod hat mich tief getroffen. Noch heute bin ich traurig, wenn ich an das unglückliche Leben dieser bezaubernden Person denke.

Mit Johanna Matz arbeitete ich dann in meinem nächsten Film, »Hoch klingt der Radetzkymarsch«, zusammen. Von nun an

»HOCH KLINGT DER RADETZKYMARSCH«: JOHANNA MATZ UND WALTHER REYER, 1958

WALTHER REYER, »DER ARZT VON STALINGRAD«,
MIT EVA BARTOK, 1958

verband uns eine lebenslange Freundschaft. Ich stellte einen feschen Oberleutnant dar. Regisseur Géza von Bolváry führte das Kommando über hundertsechzig Soldaten der österreichischen Garde, die als »Regiment Prinz Eugen« auf dem Karlsplatz aufmarschierten. Mit größter Begeisterung, denn als Soldat bekam man damals fünf Schilling Tagessold, und die Statistengage machte achtzig Schilling aus. Dazu kamen noch dreihundert Komparsen. Ein unglaubliches Gedränge herrschte da auf dem Karlsplatz. Aber alle waren in bester Stimmung. Ich und mein Partner Boy Gobert konnten das Getümmel von den Rücken erstklassiger Rassepferde aus überblicken.

1956 wurde ich für zwei Jahre von den Bavaria Filmstudios verpflichtet. Ich fuhr nach München, um mich bei Géza von Radványi als Darsteller in dem Film »Der Arzt von Stalingrad« vorzu-

Ausflüge ins Unterhaltsame – Filme

stellen. Ich sollte den Oberarzt spielen, der sich in die russische Ärztin verliebt. Radványi schaute mich grantig an und sagte in seinem wunderbaren ungarischen Akzent: »Sie schauen ja aus wie Sohn von Karlheinz Böhm!« Ich kehrte zurück nach Wien, nahm ein paar Kilo ab, ließ mir einen Bart wachsen und fuhr wieder nach München. Diesmal meinte Radványi: »Jetzt schauen Sie aus wie Jesus Christus!«

Gedreht wurde in den Münchner Ateliers von Geiselgasteig mit O. E. Hasse, Eva Bartok und Mario Adorf. Eines Tages kam Radványi, der immer ein bißchen grimmig wirkte, zu mir und sagte: »Herr Reyer, gestern waren Muster da. Leider kommen Sie sehr gut! Bei nächstem Film verlangen Sie 70.000 Mark!«

Diesen Rat beherzigte ich, als ich für die beiden Filme »Der Tiger von Eschnapur« und »Das indische Grabmal« engagiert wurde. Regie führte diesmal Fritz Lang, ein hervorragender Filmemacher, aber eine egozentrische, rechthaberische Persönlichkeit. Lang war der Schöpfer des monumentalen Stummfilms »Metropolis«; in den dreißiger Jahren beeindruckte er sein Publikum mit den Thrillern über den finsteren Dr. Mabuse. Auf der Flucht vor den Nazis in die USA hatte Fritz Lang alles hinter sich gelassen. In Indien erwies er sich als hartnäckiger Wienhasser, was unsere Zusammenarbeit nicht immer einfach machte. Bei Außenaufnahmen konnte einen Lang bis zum Äußersten strapazieren. »Den Kopf mehr nach rechts«, »den Kopf mehr nach links«, und das über Stunden. »Aus, genug, jetzt spring ich runter von der Mauer!« drohte ich einmal. Aber René Deltgen, der den Prinzen Ramigani spielte, besänftigte mich: »Ganz ruhig bleiben, wir sind doch in Indien!«

Die Arbeit in Indien war trotz aller Strapazen ein höchst eindrucksstarkes Erlebnis. Unvergessen sind die Einladungen bei den

Maharadschas und Maharanis von Jaipur. Einmal ritt ich einen ganzen Tag auf einem Elefanten, das war ein Hochgenuß. Obwohl ich mich wie auf einem Hochseeschiff fühlte, wurde ich nicht seekrank. Als wir die Szene mit den Tigern drehten, konnte ich meine Begeisterung für Raubkatzen nicht länger verbergen. Bei der Fütterung der Raubtiere mußte ich zurückgehalten werden, nicht zu nahe an die Gitterstäbe heranzutreten, hinter denen die Großkatzen warteten. Dabei zeigte Lang direkt menschliche Züge. Er riß mich besorgt zurück und rief: »Aufpassen, der tatzelt ja!«

1958 drehte ich in München die Romanze »Jacqueline«. Wolfgang Liebeneiner, Regisseur der »Trapp-Familie«, drehte diesen unbeschwerten Film über Lust und Leid im Schwabinger Künstlervölkchen. Meine Partnerin war Johanna von Koczian. Ich erinnere mich noch, wie stolz ich damals war, als sie in einem Interview sagte: »Es tut so wohl, einmal mit richtigen Schauspielern arbeiten zu dürfen.«

In dem 1959 in den Studios am Wiener Rosenhügel gedrehten Film »Gustav Adolfs Page« stand ich mit Curd Jürgens, Liselotte Pulver und Ellen Schwiers vor der Kamera. Verschiedene Einstellungen wurden damals endlos oft gedreht. Eine Szene, in der ich als Adjutant eine kurze Botschaft zu überbringen hatte, wurde zehnmal wiederholt. Meine spätere Frau Claudia war damals als Zuschauerin am Set. Ich glaube, da hat sie zum ersten Mal einen Eindruck bekommen, was ein Schauspieler so alles auszuhalten hat.

Claude Chabrol hatte mich in der Rolle des leidenschaftlichen Maharadscha im »Tiger von Eschnapur« gesehen und engagierte mich 1961 für seinen Film »L'oeil du malin«, »Das Auge des Bösen«. Bei den Dreharbeiten genoß ich den französischen Lebens-

WUNDERBARES INDIEN: »DER TIGER VON ESCHNAPUR«, 1958

Es fügte sich so ...

WALTHER REYER MIT JACQUES CHARRIER IN CLAUDE CHABROLS
»DAS AUGE DES BÖSEN«, 1962

stil. Wir haben zu Mittag immer mindestens drei Stunden lang gegessen, getrunken und uns unterhalten. Letzteres mit Händen und Füßen, denn mein Französisch ist wirklich nicht gut. In den Drehpausen wurde Schach gespielt. Einmal, an einem drehfreien Tag, kam Chabrol mit zwei Angeln daher. Da sind wir einen Tag lang fischen gegangen.

Ich habe dann noch in einigen dieser harmlosen Streifen mitgespielt, wie sie Anfang der sechziger Jahre beim Publikum so beliebt waren. »Romanze in Venedig« oder »Ferien vom Ich« sind solch Beispiele leichter Unterhaltung, in denen ich zu sehen war.

WALTHER REYER ALS HERZENSBRECHER IN »ROMANZE IN VENEDIG«, 1962

Damals wurde im Kino wirklich noch harmlose, leichte Kost geboten, und das Publikum konnte sich dabei unterhalten. Theaterkultur und Film, das waren eben zwei verschiedene Welten für mich.

Aus Rom kam Mitte der sechziger Jahre ein Angebot, einen halbnackten Muskelprotz in einem Film namens »Karthago in Flammen« zu geben. Das lehnte ich ebenso ab wie ein lukratives Angebot aus Hollywood. Die Filmerei war mir plötzlich nicht mehr so wichtig. Ich wollte wieder Theater spielen. Ein Abend auf der Bühne, wenn man das Publikum jedesmal neu erobern muß, das war dann doch eine viel größere Herausforderung als diese ganze Leinwandflimmerei. Ein Drehbuch auf Basis eines guten literarischen Stoffes hätte mich dennoch gereizt. Ein Film nach einer Stefan-Zweig-Novelle oder nach einem Roman von Joseph Roth, davon träumte ich. Schon 1956 wäre so ein Traum beinahe in Erfüllung gegangen. Friedrich Torberg erhielt den Auftrag für ein Drehbuch zu Joseph Roths »Radetzkymarsch«. Aber dann scheiterte das Projekt an der Finanzierung. Auf Joseph Roth mußte ich zwölf Jahre warten; 1968 wurde »Die Geschichte der 1002. Nacht« gedreht, die Geschichte des Schah-in-schah von Persien, der auf der Suche nach Abwechslung – und neuen Mädchen – nach Wien reist und der die Stadt, die die Moslems Jahrhunderte zuvor vergeblich belagert hatten, im Sturm einnimmt. Mit entsprechender Leidenschaft habe ich meine Rolle als Baron Tattinger gespielt, neben Johanna Matz als Mizzi und Helmut Qualtinger als Ignaz Trummer.

Zehn Jahre später bot der Fernsehfilm »Cella oder die Überwinder« nach der Vorlage von Franz Werfel noch einmal einen Stoff, der mich herausforderte: Österreich im Jahr 1938. Der jüdische Anwalt Dr. Bodenheim bringt große Opfer, um seiner Tochter Musikunterricht zu ermöglichen. Doch bevor sie als Pianistin auftreten kann, marschieren Hitlers Truppen in Österreich ein. Bodenheim wird ein Opfer der Nazis. Ich spielte Onkel Nagy, den Freund des Hauses Bodenheim. Auch der TV-Film »Brennendes Geheimnis« nach der Novelle von Stefan Zweig, den ich 1977 mit Christiane Hörbiger als Partnerin drehte, war für mich ein großes Erlebnis. Ein guter literarischer Stoff und saubere, professionelle Arbeit.

Die Verfilmungen der großen Burgtheateraufführungen wie »Don Carlos«, »Maria Stuart« und »Egmont« oder später »Jedermann«, »Das weite Land« und »Das Konzert« sehe ich mir heute nur sehr ungern an. Als Achim Benning Mitte der siebziger Jahre die Leitung des Burgtheaters übernahm, kam es zwischen mir und dem Theater zu einem Bruch. Ab sofort bekam ich keine großen Rollen mehr, und die kleinen Rollen, die man mir anbot, wollte ich nicht. Die Aufnahmen erinnern mich daran, daß das, was ich damals gespielt habe, eine Fortsetzung hätte finden müssen. Vielleicht habe ich mich in dieser Zeit auch selbst betrogen und in Wahrheit die Flucht ergriffen.

Eine Ausnahme von meiner Aversion gegen Theaterverfilmungen ist der Film »Ärztinnen«, der 1983 nach Rolf Hochhuths gleichnamigem Stück gedreht wurde. Ich spielte die Rolle des Dr. Riemenschild an der Seite der wunderbaren Gertraud Jesserer 1982 im Wiener Akademietheater; gedreht wurde im folgenden Winter in Leipzig und Berlin. Der Stoff war wirklich packend: Es ging um Ärzte, die für die Pharmaindustrie Experimente an Menschen durchführen. Meine Partner in der Verfilmung waren Judy Winter und Rolf Hoppe. Und dann natürlich – vierzehn Jahre später – der

Es fügte sich so ...

VATER UND SOHN REYER IN »DAS GESTÄNDNIS«, 1996

Film »Das Geständnis«, den die Regisseurin Kitty Kino drehte. Die Themen des wirklich professionell und spannend gemachten Films waren Vergangenheitsbewältigung und Neonazitum. Ich denke, der Film hätte es verdient, in größerem Rahmen diskutiert zu werden. Für mich besonders erfreulich war, daß ich bei dieser Arbeit zusammen mit meinem Sohn Clemens vor der Kamera stand. Ich muß sagen, er hat sich wirklich gut gehalten. Ich war sehr stolz auf ihn.

Außer einer Unmenge an Fernsehfilmen habe ich auch zwei große TV-Serien gedreht, »Insel der Träume« und »Bergdoktor«. Durch meine Rolle in »Insel der Träume« konnte ich ganze sechs Wochen mit meiner Frau Angela auf Hawaii verbringen. Meine

Ausflüge ins Unterhaltsame – Filme

Tochter Cordula lebte zu dieser Zeit schon als erfolgreiches Model in Los Angeles und besuchte uns auf Hawaii. Meine Rolle in der Serie war mir allerdings ein wenig zu passiv, und ich habe angeregt, da und dort etwas zu verändern und spannender zu machen. Zuerst hat man mir große Versprechungen gemacht und mich dann doch ignoriert. Es war für mich nicht ganz einfach, plötzlich mit jungen Drehbuchautoren zu tun zu haben, die alles besser zu wissen glaubten. Auf Hawaii drehen zu können, das war aber trotz allem ein phantastisches Erlebnis.

Den »Bergdoktor« zähle ich, gelinde ausgedrückt, auch nicht zu den Höhepunkten meiner künstlerischen Karriere. Als ich gebeten wurde, die Rolle des Tierarztes Pankraz Obermeier zu spielen, habe ich zuerst entsetzt abgelehnt. Dann habe ich aber gehört, daß in Tirol gedreht wird, da habe ich mir gedacht: Jetzt bist du so alt, du lebst in Tirol, fährst zwanzig Minuten zum Drehort, an einem Tag hast du frei, dann fährst du zum Gardasee oder nach Venedig, hast Zeit, verbindest das mit einem schönen Leben – da spricht doch nichts dagegen.

Trotzdem mußte ich mir manchmal denken: Was tust du da eigentlich? Soll das jetzt wirklich deine Aufgabe sein? Dann habe ich mich ein bißchen damit beschwichtigt, daß ich früher, auf der Exl-Bühne, ähnlich belanglose Rollen gegeben hatte – und daß all das keine Schande sei, solange ich meine Rolle gut spielte. Der »Bergdoktor«, das ist gute, saubere Unterhaltung, sagte ich mir. Gott sei Dank hat sich für die letzten beiden Staffeln ein Regisseur gefunden, Celino Bleiweiß, der das Ganze umgekrempelt hat, weg vom Krachledernen. Als ich 1998 dann erfahren habe, daß der »Bergdoktor« nun aber doch eingestellt wird, hat mich das hart getroffen. Nicht nur, daß der Sender keinerlei Erklärungen

Es fügte sich so ...

»BERGDOKTOR«: »NICHT GERADE DER HÖHEPUNKT MEINER KARRIERE«

abgab, weder mir noch dem ganzen Team, hat man die Dreharbeiten einfach unterbrochen, und niemand wußte, wie es weitergehen sollte. Dahinter steckte, daß die Einschaltquoten nicht stimmten. Sie waren zwar nicht zu niedrig, nein, der »Bergdoktor« hatte Millionen Zuseher – aber die waren zu alt. Nicht die richtige, kaufkräftige Zielgruppe für die Werbung. Das war empörend. Welche Familie kommt denn heute ohne die finanzielle Hilfe des Großvaters aus?

Insgesamt gesehen waren meine Filme und Fernsehaufzeichnungen und die Serien nur Ausflüge von der Bühne, Seitensprünge mit all den Annehmlichkeiten, die diese haben können – zu Hause gefühlt habe ich mich aber nur am Theater.

Schauspieler Harald Krassnitzer:
»Wir hatten eine stille Übereinkunft über das Wesentliche.«

Das erste, was ich von Walther Reyer mitbekam, war ein lauter, polternder Kerl, der hoch oben in den Tiroler Bergen während der Dreharbeiten zur TV-Serie »Bergdoktor« irgend etwas von einer »Sauerei« daherschimpfte. Als ich ihm dann gegenüberstand, grinste er über das ganze Gesicht und war die pure Freundlichkeit. Ich nahm sein Poltern als eine Form des Auslotens seiner Umgebung. Für ihn war und blieb ich »'s Büabl«.

In den Drehpausen zitierten Walther Reyer und ich mit Vorliebe aus bekannten Textstellen der Literatur – ich in bescheidenem Ausmaß, er mit unübertroffener Perfektion. Sein Lieblingsthema war Goethe; Textzeilen, die mit Leidenschaft, Liebe und Schmerz zu tun hatten – das waren sicher auch die zentralen Themen seines Lebens. Er war überhaupt eine wandelnde Enzyklopädie der Weltliteratur, konnte aus dem Stegreif ellenlange Monologe zitieren. Oft kam das plötzlich über ihn, dann war es, als würde er entrücken, wegschweben. Dann wußte er wieder etwas unglaublich Tragisches zu sagen und gleich darauf etwas unglaublich Komisches. Das konnte er bis zum Exzeß praktizieren – ich durfte sein Publikum sein.

Innerhalb der drei Jahre, in denen wir gemeinsam drehten, hat sich Walther Reyer sehr verändert. Im zweiten Jahr war er am stärksten, da habe ich mich jedesmal gefreut, ihn bei der Arbeit beobachten zu dürfen. Vielleicht lag seine gebesserte Laune in jenem Jahr an den neuen Drehbüchern, die nun mehr auf ihn eingingen. Natürlich wußte er aber auch, daß ein Filmgenre wie der »Bergdoktor« seine Grenzen hat, die man akzeptieren muß. Er war es zunehmend müde, den Menschen rund um sich ständig beweisen zu müssen, wer er war und was er konnte.

In seinem letzten Jahr im »Bergdoktor« wirkte er hoffnungslos unterfordert, und die Flachheiten, die darzustellen man von ihm verlangte, haben ihn entnervt. Gelegentlich bemerkte ich eine Traurigkeit in seinem Blick, die mich betroffen machte. Manchmal ist es vorgekommen, daß er eine Szene vor lauter Unmut nur schlampig heruntergespielt hat, aber auch dann war sein Niveau himmelhoch von dem der anderen Schauspieler entfernt. Andere, ganz banale Szenen wieder hat er so gespielt, daß sie jeden Anwesenden zutiefst berührt haben. Dann ist es plötzlich still geworden rund um ihn. Es war eine Stille, in der jeder begriff, welch hohe Kunst in diesem alten Mann steckte. Dann waren Enzi Fuchs und Walther Reyer plötzlich Katharine Hepburn und Henry Fonda.

Gegen Ende der Dreharbeiten wirkte er schon sehr resigniert. »Ich mag nimmer«, sagte er. Es hat ihn traurig gemacht, mitansehen zu müssen, was aus unserem Beruf geworden ist. Dann konnte er wieder sehr neugierig sein und sich leidenschaftlich für neue Arbeiten interessieren. Claus Peymann war für ihn aber ein »Heißluftballon«.

Daß die Zeit für Sinnlichkeit im Geistigen und Körperlichen vorbei sei, darüber haben wir oft gesprochen. Wir kamen zu dem Schluß, daß es ganz bestimmt eine Renaissance geben werde. Dann schwiegen wir beide. Nach langer Zeit sagte er: »Glaubst'

BERGDOKTOR HARALD KRASSNITZER, WALTHER REYERS
»BÜABL«

das wirklich?« Und ich antwortete: »Ja, wirklich.« Wir hatten eine stille Übereinkunft über das Wesentliche.

Tirol war sein selbstgewähltes Exil, eine akzeptable Alternative zu seinem über alles geliebten Wien. Er ist oft übers Wochenende nach Wien geflogen. Dort war er ein anderer Mensch. Begegnete ich Walther Reyer auf der Kärntner Straße, stand ich einem großstädtischen Lebemann gegenüber, sinnlich bis in die Haarspitzen.

Mit Walther Reyer zu spielen war immer etwas Besonderes. Da hatte ich oft das Gefühl, jetzt spielen wir nicht mehr bloß den »Bergdoktor«, jetzt wird es spannend. Das waren magische Momente. Ich hätte mir gewünscht, mit ihm einmal die große Geschichte eines Generationskonfliktes zwischen Vater und Sohn drehen zu dürfen.

Agenturchefin Agnes Rehling:
»Uns verbindet eine Hundefreundschaft!«

An einem Sommertag des Jahres 1993 war ich mit Walther Reyer im Café Dommayer verabredet. Er lebte zu dieser Zeit in Tirol. Natürlich kannte ich ihn von früher, ich war ihm Jahre zuvor schon ein paarmal in Salzburg begegnet und dann bei diversen gesellschaftlichen Anlässen. Als er an jenem Tag mit wehendem weißem Haar ins Dommayer kam, war er braungebrannt und trug ein offenes hellblaues Hemd zu einem hellen Anzug: eine Erscheinung.

Wir saßen auf der Terrasse und waren der Mittelpunkt des Interesses. Man sah förmlich, wie Augen und Ohren aller Anwesenden immer größer wurden. Das machte ihm gar nichts, im Gegenteil, er ließ seiner kräftigen Stimme vollen Lauf: »Was ich zu sagen habe, können alle hören«, sagte er, »ich habe nichts zu verlieren. Aber Sie?« Der ORF, die Regisseure, die Filmbranche im allgemeinen, die neue Schauspielerprominenz, alle bekamen sie ihr Fett ab. An einen Satz erinnere ich mich noch deutlich: »Ein Star, was ist das heute schon? Das gibt's doch nur mehr in Grinzing, in den Weingärten!«

Ich spürte ganz eindeutig, daß er darauf brannte, arbeiten zu können. Aber er hatte den Kontakt zur Filmbranche verloren. Bewerbungen zu schreiben kam für ihn nicht in Frage. Und mich zu fragen, ob ich ihn in meine Agenturliste aufnehmen wollte, dazu war er zu stolz.

Es fügte sich so ...

Tatsächlich gab es zu dieser Zeit kaum Rollen für Schauspieler seiner Größenordnung und seiner Altersgruppe. Als ich ein paar Wochen später an meinem neuen Katalog arbeitete, rief ich ihn aber trotzdem an und fragte, ob er Lust hätte, aufgenommen zu werden. »Schad' um das Blatt Papier«, dröhnte es aus dem Hörer. »Für mich gibt es in Österreich und Deutschland nichts mehr zu tun. Ihr Wille ehrt mich. Ich denke darüber nach.«

Eine Woche später stand er bei mir in der Agentur. Auch diesmal war es, als hätte jemand plötzlich das Licht aufgedreht, so stark war seine Ausstrahlung. Er begann auch sofort höchst charmant zu plaudern, erzählte eine Anekdote nach der anderen. Als ich ihm gestand, daß ich, eine gebürtige Ungarin, von Kind auf in die Figur des Grafen Andrassy verliebt war, gab es kein Halten mehr. Plötzlich waren wir bei den Dreharbeiten zum »Sissi«-Film, und dann stellte er die alles entscheidende Frage: »Was glauben Sie, war da was zwischen Sissi und Andrassy?« – »Natürlich«, sagte ich, »sonst wäre der Andrassy ja kein Ungar gewesen!«

Es vergingen Stunden. Es gelang uns weder, einen halbwegs passablen Lebenslauf zu erstellen, wie es für einen Schauspieler unumgänglich ist, der in einer Agentur aufgenommen werden will, noch eine Filmographie. Wir schafften es lediglich, sein Stammblatt auszufüllen: Körpergröße, Gewicht, Augenfarbe, Sprachen, Sportarten. Er machte korrekte Angaben: »Gardemaß, stramm, alles dran, alles funktioniert. Fragen Sie meine Frau.«

So kam Walther Reyer in den Katalog von »Vienna People«. Von da an trafen wir uns regelmäßig. »Eine Agentin braucht einen silbergrauen Porsche«, sagte er immer wieder. »Finden Sie mir Arbeit, dann verdienen wir ihn!«

AGENTURCHEFIN OHNE PORSCHE: AGNES REHLING

Es fügte sich so ...

Ich wollte keinen silbergrauen Porsche an ihm verdienen. Seinen Wunsch nach einem guten Job konnte ich ihm aber leider auch nicht erfüllen. Es kamen zwar einige Anfragen aus Deutschland, daraus wurde aber aus terminlichen Gründen nichts, weil er noch den Pankraz Obermeier im »Bergdoktor« spielte. Ich spürte, daß er diese Arbeit sehr gern hatte. Seine Sehnsucht nach einem eigenen Film, nach einer großen, interessanten, vielleicht schwierig zu gestaltenden Rolle aber konnte die Rolle nicht stillen.

Vom ORF oder von einer anderen Fernsehanstalt kam nach dem Film »Das Geständnis« unter Regisseurin Kitty Kino so gut wie überhaupt nichts mehr. Das hat ihn sehr deprimiert. »Ich bin eben kein Quotenheuler«, sagte er. »Ich bin ein Burgtheaterfossil. Die Leute riechen an mir den Mief des alten Burgtheaters. In die heutigen Serien passe ich nicht.«

Er paßte auch nicht mehr in die heutige Arbeitsweise. Einmal rief ihn ein junges Mädchen an und sagte mit dünner Stimme: »Herr Reyer, wir wollen Sie für einen Film casten!« Er war außer sich: »In was für einer Welt leben wir? Wer macht heute die Filme?« polterte er. »Einen Walther Reyer castet man nicht! Man schickt ein Drehbuch und bittet ihn, es zu lesen. Wie alt sind Sie denn überhaupt? Siebenundzwanzig? Dann ist es verziehen.«

Es schmerzte ihn auch, daß die Qualität der Drehbücher so nachgelassen hatte. »Bücher, von denen ich träume, werden nicht mehr geschrieben«, klagte er. »Ich giere nach einem guten Drehbuch, aber es ist eine Ewigkeit her, daß ich eines gesehen habe.«

Ich habe selten einen Schauspieler getroffen, der so gut informiert war wie Walther Reyer. Er hat alles verschlungen, was man nur lesen konnte, war meist mit einem dicken Packen Zeitungen unter dem Arm unterwegs. Er wußte ganz genau, was in der Kulturszene, besonders aber am Theater, vorging. Einmal habe ich ihn gefragt, ob er nicht Lust hätte, wieder am Burgtheater zu spielen. Da lachte er laut: »Können Sie sich Walther Reyer bei Frau Jelinek vorstellen, vielleicht in ›Raststätte‹?«

Als ich einmal zu den Dreharbeiten für den »Bergdoktor« nach Tirol fuhr, trafen wir uns auf der Moos Alm in Mieming. Ich betrat die Wirtsstube, er stand auf, schlug die Hacken militärisch zusammen und überreichte mir ein Sträußchen Feldblumen: »Graf Andrassy bringt Gruß aus Ungarland!«

Einmal habe ich erlebt, was ein Wutanfall im Stile eines Walther Reyer bedeuten konnte. Er saß in einem Klassenzimmer der Volksschule Mieming, das für den »Bergdoktor« zu einem Produktionsraum umgestaltet worden war, und las den »Kurier«. Plötzlich schlug er mit der Faust auf den Tisch: »Herrschaften noch einmal, da hört sich doch alles auf!« brüllte er, daß die Fensterscheiben klirrten. Er hatte gelesen, daß sich das Liberale Forum für die Abschaffung des Religionsunterrichtes einsetzte. Das empörte ihn maßlos: »Sie können der Jugend doch nicht alles nehmen. Wo soll sie denn Halt finden, wenn nicht bei der Religion!« Als ein Mitarbeiter des Filmstabes einwarf, dann müsse man den Kindern aber die Möglichkeit geben, alle Religionen kennenzulernen, schrie er: »Ach was, es gibt einen Gott, egal, wie man ihn nennt. Dazu muß ein Kind den Zugang bekommen. Ich bin katholisch, und ohne meinen Herrgott wäre ich nicht mehr am Leben!«

Diese aufbrausende Hitzköpfigkeit war ebenso ein Teil von Walther Reyer wie die blendende Eleganz seiner Erscheinung. Das Ungestüme wirkte in Tirol auch besonders echt. Dort verschmolz sein Charakter mit der Wildheit der Landschaft.

Er war immer sehr stolz auf seine Heimat. Ich erinnere mich, mit welch großer Freude er mir seine Wohnung in der Nähe von Innsbruck zeigte. Wir aßen eine Bretteljause und tranken Vogelbeerschnaps. Dann führte er mir seinen Haflinger Nepomuk vor und seine Chow-Chow-Hündin Natascha, die gerade trächtig war. Er drückte das Tier ganz fest an sich und rief: »Was ist Chanel Nr. 5 gegen diesen Duft!« Zwei Monate später rief er mich überglücklich in Wien an: Natascha hatte sechs Junge bekommen. Am liebsten hätte er alle sechs Welpen behalten, aber das war wohl nicht möglich. Als meine zehn Hundebabys zur Welt kamen, gab mir Walther Reyer die wunderbarsten Ratschläge. »Uns verbindet eine Hundefreundschaft«, erklärte er und rief in der ersten Zeit mit rührender Hingabe fast täglich an. Wenn ich sagte, ich hätte keine Zeit und müßte in die Agentur, wurde er beinahe grantig. »Sperren Sie das Büro zu«, sagte er. »Jetzt sind die Hunde wichtiger. Wenn jemand etwas will, wird er schon an Ihre Tür kommen! Und daß Sie die Leute genau überprüfen, die die Hunde nehmen!«

Für den Februar 2000 tat sich ein Lichtblick auf. Walther Reyer sollte am Theater in der Josefstadt in Hugo von Hofmannsthals »Schwierigem« die Rolle des Altenwyl spielen. Er erkundigte sich ganz genau nach der Besetzung und danach, wer Regie führen würde. Dann sagte er zu. Als er aber nach dem Sturz in Perchtoldsdorf seine Kräfte schwinden spürte, zögerte er seine Unterschrift unter den Vertrag hinaus.

Als ich ihn das letzte Mal wegen des Vertrages in Tirol anrief, sprach er leiser als sonst. »Geben Sie mich nicht auf, denn ich gebe mich auch noch nicht auf!« sagte er. – Ich hatte ihn nie aufgegeben, obwohl wir keine silbergrauen Porsches zusammen verdienen konnten.

Die Karriere, ein Mensch zu werden – Familie

Wenn ich an meine Familie denke, fällt mir oft eine Situation ein, die ich über alles geliebt habe: Im Sommer, wenn wir auf ein paar kurze Wochen nach Südtirol fuhren, saßen wir in St. Magdalena im Gsies, einem Seitental des Pustertals, alle um einen großen Tisch. Jeder hatte einen Löffel in der Hand, und gemeinsam aßen wir aus einem Topf, der in der Mitte stand. Vielleicht schlägt da das Tirolerische in mir durch, aber das war für mich der Inbegriff der Zusammengehörigkeit. So hatte ich es immer gewollt. Und so geschlossen sollten auch meine Kinder zu unserer Familie stehen; Cristina und Claudia-Maria, Cordula und Clemens – sie sollten wissen: Wir sind eine Einheit. Wir gehören zusammen, und wir halten zusammen. Was in unserer Familie passiert, das geht niemanden etwas an.

Natürlich war es leichter, den Kindern dieses Gefühl in Tirol zu vermitteln, wo wir gemeinsam in den Bergen herumkraxeln konnten, wo man die frische Luft spürte und frei atmen konnte. Ich glaube aber, ich habe ihnen auch in Wien eine fröhliche, sympathische, anregende und heile Familienwelt bieten können; ohne Konvention, ohne Gesellschaftston, ohne Schöntun. Eines aber stand fest: Der Herr im Haus war ich.

Nach meiner Trennung von Gretl Elb stand ich praktisch auf der Straße, denn ich hatte ihr die Wohnung im Hochhaus am

Es fügte sich so ...

Matzleinsdorfer Platz überlassen. Um mit Claudia unter einem Dach leben zu können, zogen wir im Frühjahr 1960 in das Sommerhaus ihrer Familie am Gießhübl südlich von Wien. Das war zwar hochromantisch, das Haus hatte damals aber noch keinen Komfort. Waschen konnten wir uns nur an einem Brunnen im Garten. Über einen Bekannten bekamen wir dann eine Wohnung mit zweieinhalb Zimmern in einem Gemeindebau in der Hanselmayergasse in Hietzing. Bald kündigte sich an, daß wir ein Baby bekommen würden.

Die Familie wuchs, und mit drei Kindern war es dann endgültig zu gedrängt in unserer Wohnung. Wir übersiedelten in die Nelkengasse im 6. Bezirk. Unsere Wohnung lag im vierten Stock, oft funktionierten weder Strom noch Lift, von Luxus konnte da bei einer Familie mit drei kleinen Mädchen nicht die Rede sein. 1965, als wir dann abermals mehr werden sollten, zogen wir in eine 240 Quadratmeter große Wohnung in der Reisnerstraße im gutbürgerlichen 3. Bezirk. Von jedem Fenster aus blickte man auf die umstehenden Bäume. Jetzt endlich war Platz genug für uns alle da. Stina und Clemens bekamen ein gemeinsames Zimmer, Cordula und Clascha ebenfalls. Später zog dann Stina zu den beiden anderen ins »Mädchenzimmer«. Im »Papazimmer« war die eine Wand voller Bücher, an der anderen hing ein imposantes Priestergewand. Hier stand meine Stereoanlage, hier bewahrte ich meine Pfeifensammlung und meine geliebten Steine auf. All diese herrlichen Amethyste und Bergkristalle nahm ich gern in die Hand, hielt sie lange und ließ die Kraft dieser wunderbaren Bruchstücke meiner Berge auf mich wirken.

Die Suche nach einer guten Haushaltshilfe brachte uns an den Rand des Nervenzusammenbruchs. Mindestens zehn Mädchen

Die Karriere, ein Mensch zu werden – Familie

CLAUDIA UND WALTHER REYER MIT IHREM »C-WURF«

kamen und gingen, weil sie weder mit meiner lauten, herrischen Art noch mit den vier Kindern zurecht kamen. Dann endlich tauchte unsere langersehnte gute Seele auf, »Duda« (Trude), eine Frau in Claudias Alter mit langen, rosarot lackierten Fingernägeln und blondem, toupiertem Haar. Sie hatte zuvor bei einem Opernsängerpaar gearbeitet, das bei einem Autounfall ums Leben gekommen war. Daher waren ihr sowohl laute Stimmen wie auch der allgemeine Irrsinn eines Künstlerhaushalts vertraut. Duda war den ganzen Tag für uns da. Zum Rauchen ging sie heimlich in die Küche. Und abends, wenn ich mit Claudia ausging, brachte sie die Kinder zu Bett.

Es gab Zeiten, da glich unsere Wohnung einem Privatzoo. Wir waren sicher die Familie mit den meisten Tieren in unserem Bekanntenkreis. Bei uns logierten im Laufe der Zeit der Dackel Bauxi, die Katzen Sascha, Mascha und Gruscha, einige Goldfische, der Hase Hopsi, Colly, die fleißige Meerschweinchenmutter mit ihrer zahlreichen Nachkommenschaft, der Papagei Toto, dessen Flügel gestutzt waren und dem die Katzen in der Reisnerstraße aufgrund eines geheimen Abkommens nichts zuleide taten, den aber die Nachbarkatze am Gießhübl fraß, außerdem der Kakadu Titus, eine Eule und ein Beo namens Theo. Ich habe die Tiere oft geärgert, »getratzt«, wie man auf Tirolerisch sagt. Nicht um sie zu quälen, sondern um sie zu Taten herauszufordern. So habe ich es auch mit den Kindern gehalten. Ich wollte wache Menschen aus ihnen machen; neugierig und mutig sollten sie sein, keine jugendlichen Pensionisten. Mein Ziel war es nie, ein bequemes Leben zu führen, sondern ein aufregendes, anstrengendes. Dieses Lebensgefühl wollte ich auch meinen Kindern vermitteln.

Bestimmt war ich mit den Kindern oft zu ungeduldig und zu laut, und ich habe sie auch bestimmt immer wieder überfordert. Obwohl ich durch meine Vaterrolle ohnedies viel ruhiger geworden bin, nicht mehr dieser Kampfhahn wie früher. Die Familie gesund und glücklich zu wissen war mir viel wichtiger, als dem Geld nachzujagen. In Schnitzlers »Weitem Land« heißt es: »Die Welt ist ein Chaos und Ordnung etwas Künstliches.« Aber ich bin sehr für Ordnung, besonders in bezug auf die Kindererziehung.

Die Karriere, ein Mensch zu werden – Familie

Wenn die Kinder schlimm waren, mußten sie sich in die Ecke stellen, vor dem Essen habe ich kontrolliert, ob sie saubere Hände hatten, während des Essens durften sie nicht sprechen; wenn ich zu Hause war, durften die Kinder keine Freunde in die Wohnung einladen. Das galt natürlich nicht für Geburtstagspartys und turbulente Kinderfeste, die es bei uns sehr wohl gab. Mit allem, was dazugehörte, mit Gästen, Girlanden und Gugelhupf. Im allgemeinen aber wollte ich zu Hause keine fremden Menschen sehen, sie haben mich irritiert und gestört. Denn zum Textlernen saß ich mit Vorliebe im Kinderzimmer, in Unterleibchen und Shorts. Oder ich ging laut deklamierend in der Wohnung auf und ab, ebensowenig korrekt gekleidet. Daß ich dann zwischen Schillerversen eines meiner Kinder anbrüllte: »Sei ruhig, jetzt rede ich!«, kam schon mal vor. Von antiautoritärer Erziehung habe ich nie viel gehalten. Wenn mir danach zumute war, ließ ich die Faust auf den Tisch krachen. Kinder haben das größte Verständnis dafür, wenn es in der Familie einmal ordentlich scheppert, wenn einem Elternteil das Temperament durchgeht. Sie sind da sensibler als Seelenärzte. Sie wissen genau, daß man in heutiger Zeit Härte braucht, um sich durchzusetzen.

Das Haus am Gießhübl war ab Ostern unser Wochenend- und Sommerparadies. Wie die Schwalben zogen wir im Frühjahr hin und blieben bis zum Herbst. Ich hackte dort mit größter Begeisterung Holz und beschnitt die Bäume. Ich ruhte nicht, bevor nicht die ganze Wiese tadellos gemäht war. Die ganze Familie mußte zur Gartenarbeit antreten. Während der Schulzeiten, wenn wir nur die Wochenenden am Gießhübl verbringen konnten, war es ein beliebtes Ritual der Kinder, mich vor dem Zubettgehen zu bitten: »Papa, bitte komm und sprich mit dem Fuchs.« Dann stellte ich mich ans Fenster des dunklen Kinderzimmers und sprach mit dem Fuchs: »Fuchs, komm her, wo steckst du denn die ganze Zeit? Was sagst du zu diesem Wetter heute? Warst du wieder strawanzen? Jetzt lauf doch nicht weg, sei nicht so störrisch! Hast du wohl nicht die Hühner vom Nachbarn aufgeschreckt?«

Meine Frau hatte den Kindern am Gießhübl einen Platz geschaffen, an dem sie vollkommen frei sein konnten. Sobald ich im Sommer zu den Festspielen nach Bad Hersfeld oder sonstwohin verreiste, herrschte am Gießhübl Open house, die Kinder luden Scharen von Freunden ein. Da kamen David aus Paris, Naomi und Markus Kupferblum, der inzwischen selbst am Theater inszeniert, Michou Friesz, sie ist heute Schauspielerin, der Cousin Mischa Feldmann und selbstverständlich alle Kinder aus der Nachbarschaft. Angenehm fern vom Kindertrubel habe ich dann immer angerufen und mich gefreut, wenn es der Familie gut ging.

Während ich auf einer der Festspielbühnen stand, inszenierte meine Frau in unserem »Gießhübler Gartentheater« George Bernard Shaws Komödie »Helden«. Im Garten wurde eine kleine, selbstgemachte Bühne aufgestellt, und die Kinder spielten in echten Kostümen von Lambert Hofer, dem ersten Kostümverleiher Wiens. Beim Bühnenbild half ihnen die frühere Kabarettistin Christl Räntz-Feldmann, die später zu malen begonnen hat und die Glasfenster der Wiener Votivkirche schuf.

An David aus Paris erinnere ich mich im Zusammenhang mit einer für die damalige Zeit sehr typischen Szene. Ich hatte Clemens und David erlaubt, in den Wurstelprater zu gehen. Als sie später als ausgemacht nach Hause kamen, gab es ein ordentliches

Die Karriere, ein Mensch zu werden – Familie

Donnerwetter. Die beiden Buben mußten sich vor mir aufstellen, damit ich ihnen ihre wohlverdienten Ohrfeigen verabreichen konnte. Während mein Sohn Clemens brav stillhielt, wich David meiner Hand aus und entging der Watsche. Das brachte mich erst recht in Rage. »Feiger Franzos!« brüllte ich. Darüber haben wir später oft gelacht.

Während meiner Zeit als Jedermann mieteten wir zweimal das Haus des Malers Rudi Ferch auf halber Höhe des Gaisbergs. Hinter dem Haus lag ein Wald, und wann immer ich gerade Zeit und Lust hatte, trieb ich meine Familie wie eine kleine Herde vor mir her zum Beeren- und Pilzesammeln. Das war ein Riesenspaß, ich mit meinen Adleraugen entdeckte immer alles sofort. Ich hatte auch im Wald das Kommando, aber bei vier Kindern geht das nicht anders. Wenn wir zurückkamen, gab es immer ein kleines Festmahl.

Ich habe es sehr geliebt, meine Kinder sinnlich, körperlich zu erleben, ihre Wärme und ihre kleinen Körper hautnah zu spüren. Oft ließ ich mir von ihnen den Rücken kratzen. Und wenn wir mit dem Auto unterwegs waren und sie alle vier auf der Rückbank saßen, streckte ich ihnen meinen Arm nach hinten. Dann mußten sie mich, einer nach dem anderen, in den Unterarm beißen. Es bereitete mir einfach Freude, für einige Stunden die Abdrücke ihrer kleinen Zähne auf dem Arm zu tragen.

Im Jahr 1977 zerbrach unsere Familie. Ich war plötzlich ein Patriarch ohne Patriarchat. Ein Verirrter im Gestrüpp menschlicher Beziehungen. Ich blieb noch ein Jahr nach der Scheidung von meiner Frau Claudia in der Reisnerstraße, zog dann für zwei Jahre ins Wiener Hotel »President« im 6. Bezirk und dann in eine große

Wohnung in der Schadekgasse. Cristina, Claudia-Maria und Clemens haben zeitweise bei mir gelebt. Familie aber waren wir keine mehr. Der Satz meines Lieblingsdichters Friedrich Hölderlin hat damals für mich furchtbare Realität erlangt: »Ich hab ihn ausgeträumt, von Menschendingen den Traum.«

Claudia-Maria Reyer, geboren 1961
»Wir waren eine innige, immer neugierige und heitere Einheit.«

An dem Tag, als ich zur Welt kam, fand in Salzburg gerade die Generalprobe mit Papa als »Jedermann« statt. Für den Fall, daß ich ein Sohn geworden wäre, war der Name Thomas für mich vorgesehen, Papas zweiter Vorname. Als seine »neue Buhlschaft« wurde ich in Salzburg aber auf den Namen Claudia-Maria getauft, nach meiner Mutter und Großmutter. Papa hat mich später Clascha gerufen. Claudia-Maria nannte er mich nur, wenn er streng oder ernst war.

Papa war der liebevollste Vater, aber er hatte seine Prinzipien. Es war ihm ganz wichtig, daß sein »C-Wurf«, Cordula, Cristina, Clemens und ich, gut miteinander auskamen. »Die Familie ist wie eine Burg«, sagte er immer wieder. »Was innen geschieht, gehört nicht nach außen. Streitet nicht, haltet zusammen.«

Als wir in der Reisnerstraße wohnten, kam Papa oft mittags nach der Probe nach Hause. Beim Essen erwartete er sich tadelloses Benehmen. Nach dem Tischgebet durften wir Kinder nicht mehr sprechen, mußten gerade sitzen, das Besteck ordentlich halten und die Serviette auf dem Schoß liegen lassen. Traurig ging es bei uns trotzdem nicht zu. Zwischen Suppe und Hauptspeise

WALTHER REYER MIT TOCHTER CLAUDIA-MARIA

spielte uns Papa mit dem Salzstreuer und der Pfeffermühle, die bei uns als Koch und Küchenjunge auf dem Tisch standen, Szenen vor. Er liebte es auch, uns zu füttern. Wenn es zum Beispiel Chicoréesalat gab, mußten wir reihum den Mund aufmachen, dann schob er jedem von uns ein Blatt hinein.

Wenn Papa mit uns zum Essen ausging, führte er uns mit Vorliebe ins Landhaus »Winter« an der Donau. Wir waren eine innige, immer neugierige und heitere Einheit. Um möglichst viele

Speisen kosten zu können, bestellte jeder von uns etwas anderes, dann probierten alle von den Tellern der anderen. Wir gingen auch mit größter Begeisterung in den Zirkus oder in den Zoo.

Als die Zeit kam, in der wir alt genug waren, um allein auszugehen, war von großzügiger Freiheit uns gegenüber nicht die Rede. Unter der Woche gab es überhaupt kein Ausgehen. Das war für mich besonders hart, da ich wahnsinnig gern ins Theater ging. Wenn ich mir doch einmal wochentags ein Stück ansehen wollte, mußte ich vorher meine Schulerfolge nachweisen. Beim Bühnentürl auf Autogrammjagd sah mich Papa höchst ungern. »Sei doch nicht so eine narrische Henn'!« schalt er mich dann augenzwinkernd.

Seine eigenen Premieren waren natürlich die große Ausnahme. Nach Wochen, in denen er zu Hause auf und ab gehend seinen Text halblaut gelernt hatte, war der Tag der Premiere von allgemeiner Elektrizität und Nervenanspannung geprägt. An diesem Tag bemühte sich Mama besonders, uns in Schach zu halten. Bevor Papa zum Theater aufbrach, spuckten wir ihm alle das Toitoitoi über die linke Schulter. Im Anschluß machten wir uns mit Mamas Hilfe schön, und so saßen wir dann alle sehr aufgeregt in der Loge. In der Pause durften wir zu Papa in die Garderobe gehen, und die Stimmung war schon viel gelöster. Nach dem Schlußapplaus holten wir ihn beim Bühnentürl ab, gratulierten den Kollegen und gingen alle zusammen zur anschließenden Premierenfeier, die immer sehr heiter und ausgelassen war.

Samstags, als wir ausgehen durften, hatten wir pünktlich um Mitternacht zu Hause zu sein. Aber als so schlimm ich das damals auch empfunden habe, heute weiß ich, er hatte einfach Angst um uns. Deshalb bestand er auch darauf, daß wir niemals allein ausgingen, sondern immer mindestens zu zweit. Da er immer auf uns war-

EIN LEIDENSCHAFTLICHER GROSSVATER:
ENKELKINDER CYPRIAN UND FABIAN; AN REYERS
SEITE EHEFRAU ANGELA

tete, konnten wir ihm noch erzählen, was bei den Festen los gewesen war.

Papa vermittelte uns stets das Gefühl, etwas Besonderes zu sein. Das bedeutete aber nicht, daß wir unbedingt Karriere machen sollten, sondern bezog sich vielmehr auf unser Verhalten im allgemeinen. Ich erinnere mich, daß ich einmal zu ihm sagte: »Papa, ich möchte auch einmal etwas Besonderes werden!« Darauf antwortete er: »Weißt du, was Genie ist? Neunundneunzig Prozent Transpiration und ein Prozent Inspiration! Arbeite an dir!«

Der sorgsame Umgang mit der Sprache war ihm ganz wichtig. Er legte großen Wert darauf, daß wir nicht wienerisch redeten. »Clascha, du singst schon wieder«, ermahnte er mich oft. »Du merkst es ja gar nicht mehr! Sieh zu, daß du diesen Singsang wegbringst!« Mein guter Stil im schriftlichen Ausdruck machte ihn stolz, so nannte er mich hin und wieder liebevoll seine »Poetin«.

Nach der Matura ging ich für ein Jahr als Au-pair-Mädchen nach Paris. Als ich zu den Weihnachtsfeiertagen heimkam, hatte sich unsere Familie aufgelöst. Die Wohnung in der Reisnerstraße war renoviert, dort lebte Mama mit ihrem neuen Mann, meinem Stiefvater Rainer, den ich bald zu schätzen lernte. Trotzdem habe ich die Veränderung schlecht verkraftet, ich begann manisch zu essen, nahm innerhalb kürzester Zeit fünfzehn Kilo zu. Mutter mietete für mich eine kleine Wohnung im 3. Bezirk an. Ich begann eine zweijährige Ausbildung an der Hotelfachschule »Modul«, wo ich sehr unglücklich war. Später zog ich zu Papa in die Schadekgasse und studierte Germanistik und Publizistik. Daß ich Journalistin werden wollte, hat ihm nicht gepaßt. »Dieses Schmierantenpack«, schimpfte er und wollte nicht zugeben, daß es auch dort solche und solche gibt. Mit meinen ersten eigenen Artikeln war er dann aber doch sehr zufrieden.

Papa hat immer einen sechsten Sinn für Menschen besessen. Als ich während der Probenarbeit zu Arthur Schnitzlers Komödie »Professor Bernhardi« im Theater in der Josefstadt, bei der ich als Regiehospitantin arbeitete, schwanger war, sagte er mir auf den Kopf zu: »Du kriegst ein Kind!« Er freute sich riesig darauf. Nach einer der Figuren in diesem Stück nannte ich meinen ersten Sohn

Cyprian. Papa hatte in seinem geliebten Südtirol einen kleinen Ort namens St. Cyprian entdeckt, dort ließen wir den Buben taufen.

Bei meinem zweiten Kind, Fabian, war es ähnlich. Ich war noch gar nicht ganz sicher, ob ich schwanger war, da schaute mich Papa an und sagte: »Du kriegst wieder ein Kind!« Auch diesmal freute er sich. Er verstand gut, daß ich kein Einzelkind großziehen wollte.

Meine beiden Söhne hat Papa sehr geliebt. Er war schon in einem Alter, in dem er es genoß, Großvater zu sein. Kleine Kinder hat er überhaupt immer gemocht. Kinderaugen, die alles so einzigartig sehen können, und Kinderherzen, in denen die reine Wahrheit liegt, haben ihn fasziniert. Wir verbrachten jedes Jahr eine Woche gemeinsam in Tirol, und Papa bemühte sich, zugunsten von Geburtstagen und Erstkommunionen Termine zu verschieben.

Auch Cyprian und Fabian haben ihren Opa sehr verehrt. Sie akzeptierten seine Autorität von Anfang an. Wenn ich zu Hause die Nerven verlor und noch so laut brüllte – diese Gewohnheit habe ich vermutlich geerbt –, half das gar nichts. Ein festes Wort von Papa, und schon war Ruhe. Seit er ihnen gesagt hat: »Jetzt sagts doch nicht immer ›Hallo‹ beim Grüßen, wir sind ja nicht beim Telefonieren. Das heißt ›Grüß Gott!‹«, gibt es auch kein »Hallo« mehr. Am liebsten ließen sich die Buben von ihm Sagen erzählen, von der Frau Hitt und von Kaiser Maximilian, und sie liebten es, mit ihm und Angela die Pferde zu besuchen, sie zu striegeln und zu füttern und mit der Kutsche zu fahren.

In den letzten zwölf Jahren sind wir einander immer näher gekommen. Ich begann seine innere Wildheit, Zerrissenheit und Leidenschaft zu verstehen, seine Hochs und Tiefs, die ich in mir selbst spüre, seine Scheu und Verzweiflung und seine Wut über die Gleichgültigkeit vieler Menschen. So wie er habe ich gelernt, mir die Kraft aus der Natur zu holen, mich konzentriert und aufmerksam auch den kleinen Dingen des Lebens zu widmen und die Augen offenzuhalten. Unser Vertrauen in Gott war ein stillschweigendes Übereinkommen.

Mit den Instinkten eines Indianers durchschaute Papa Menschen, vertraute er der Natur und dem Leben. Im Sommer 1999 kam es zu unserer ersten gemeinsamen Arbeit. Ich wirkte an der Ausstellung über Carlo Goldoni bei den Perchtoldsdorfer Sommerspielen mit, und die Buben sprangen als Pulcinellen über die Bühne. Als seine »Indianertochter«, die wie er noch bis in den Oktober hinein barfuß geht, gerne eiskalt duscht und Bäume umarmt, ist mir nicht entgangen, daß er nach dem fatalen Ausrutscher seine Kräfte schwinden spürte. Seine Augen waren gebrochen.

Ich bin mit wunderbaren Dichterworten aufgewachsen. »Alles nur Theater« – diese Redewendung bedeutet für mich, daß es um eine ernste Sache geht. So ist es für mich ein Heimkommen, wenn ich ein Theater betrete oder an einer Produktion mitarbeite. Die gemeinsamen Freunde, David aus Paris, Markus und Naomi Kupferblum und Freddie, sind immer noch um mich. Aber oft vermisse ich die Gespräche mit Papa, unser Miteinandersein, seine Liebe und seine Lebendigkeit.

Cordula Reyer, geboren 1962
»ICH WAR PAPAS VORZEIGEKIND.«

Wenn mein Vater im Sommer die Familie zur Gartenarbeit am Gießhübl abkommandierte und nicht ruhte, bevor nicht die ganze Wiese perfekt gemäht und die Blumenrabatten von Unkraut befreit waren, wurde ich immer als erste müde. Dann stellte ich mich vor ihn hin, raunzte »lubila« und wollte getragen werden. Er hob mich hoch, drückte meinen Kopf an seine Schulter und trug mich durch den Garten.

Dieses Aufgehoben- und Getragenwerden, das ist meine erste Erinnerung an meinen Vater.

Meine zweite Erinnerung ist, daß ich Angst vor ihm hatte. Von uns drei Schwestern habe wahrscheinlich ich das schwierigste Verhältnis zu ihm gehabt. Seine laute, unberechenbare Art, sein Aufbrausen und Poltern haben mich zutiefst erschreckt. Rückblickend verstehe ich, warum er so war, daß das mit seiner großen Sensibilität und seinem Beruf zu tun hatte; daß er selbst unter Ängsten und Eifersüchten litt. Aber als Kind waren mir diese Zusammenhänge nicht klar. Damals begriff ich noch nicht, daß mein Vater kein bürgerlicher Mensch war und nicht mit Konventionen leben konnte. Mit vier Kindern fühlte er sich aber doch in bürgerliche Normen gepreßt.

Wenn ich mit ihm allein war, war alles ganz anders. Am Papa-Tag, jenem einen Tag im Monat, an dem er mit jeweils einem seiner Kinder allein ausging, war die Angst wie weggeflogen. An diesem Tag haben wir uns gut verstanden, erlebten wir Augenblicke voll Nähe und Innigkeit.

Es gab auch schöne, stille Momente, wenn wir zusammen spazierengingen. Ich erinnere mich an einen Ausflug an die Donau, bei dem wir auf einen besonders auffälligen Stein stießen. »Ein Schuh«, fiel mir dazu ein. »Eine nackte Frau«, sagte er. Den Stein nahmen wir mit nach Hause. Dort lag er dann jahrelang vor dem Kamin.

Über dem Bett unserer Eltern hing eine Reproduktion von Michelangelos »Erschaffung des Menschen«. Dieses Bild erlangte eine große symbolische Bedeutung für mich als Kind: Vater schien Gott ähnlich zu sein, umgeben von einem Mysterium. Das galt auch für das Burgtheater. Es war seine Welt, seine große, von Mysterien umwehte Welt, zu der uns Kindern der Zutritt verwehrt war. Das Burgtheater zu betreten war für mich immer etwas Heiliges; als würde man eine Kirche betreten.

Ich habe meinen Vater sehr geliebt, und ich habe starke Aggressionen gegen ihn aufgebaut. Und doch bin ich ihm in vielem ähnlich. Auch ich bewege mich in Extremen.

Als das Klima in der Familie immer schwieriger und bedrückender wurde, bestärkte ich Mutter darin, sich scheiden zu lassen, weil ich spürte, daß es einer abrupten Veränderung bedurfte. Ich bedachte nicht, daß Papa dann weg sein würde. Als es geschehen war, löste das einen großen Schmerz in mir aus.

Nach der Scheidung habe ich in vielen Dingen den Part meiner Mutter übernommen. Ich habe mit ihm die Weihnachtseinkäufe erledigt – er und ich in den Geschäften, beim Aussuchen der Geschenke für alle Familienmitglieder, das wurde zu einem Ritual für uns.

So wie er mit mir gerne spazierengegangen ist, als ich noch klein war, ist er auch später mit mir gerne ausgegangen. Ich habe oft die

CORDULA REYER MIT SOHN BENJAMIN

Post durchgesehen und ihn auf bestimmte Termine aufmerksam gemacht. Auf Ausstellungseröffnungen oder Einladungen. Da sind wir dann gemeinsam hingegangen. Einmal, da war ich sechzehn, hat er zu mir gesagt: »Cordula, ich habe einen interessanten jungen Mann kennengelernt, der macht eine Modeschau in der Secession. Dort sollten wir hingehen!« Der junge Mann war Helmut Lang. Seine Show war ein Erlebnis, denn damals waren Modeschauen viel dramatischer als heute. Später, als ich mit Helmut

Lang schon in engem beruflichen und persönlichen Kontakt stand, zeigte sich, daß wir drei uns in sehr vielem ähnlich waren.

Daß ich bald darauf als Model international Karriere machte und schon Anfang der neunziger Jahre höhere Tagesgagen als mein Vater kassierte, hat ihn natürlich beeindruckt. Ausschlaggebend für seine Zuneigung war es aber bestimmt nicht.

Zu Papas schönsten Eigenschaften zählte, daß ihm nichts entging. Er sah und entdeckte um vieles mehr als andere Menschen. Ich erinnere mich an einen Augenblick, als wir in Paris vor einer Crêperie standen und zuschauten, wie ein junges Mädchen die Crêpes zubereitete. Was Papa da alles wahrnahm! Die Hände des Mädchens, die Art, wie sie schaute und lachte! Vielleicht ist das ein großer Teil seines Vermächtnisses an mich: daß ich durch ihn gelernt habe, die Welt detaillierter wahrzunehmen.

Er hat immer wieder betont, wir seien alle echte Kinder der Liebe, die Liebe sei das kostbarste Gut im Leben. Zärtlichkeit, das war für Papa ganz wichtig; Umarmungen und liebevolle Abschiede. Jetzt träume ich manchmal von seinen Händen, die die meinen halten, oder daß er mich in seine Arme schließt. – Das werde ich für den Rest meines Lebens vermissen. Er selbst hat am Schluß gesagt: »Ich freue mich auf die große Umarmung.« Das war seine Bezeichnung für den Tod.

Cristina Reyer, geboren 1964
»ICH WAR PAPAS VERBÜNDETE.«

Für mich war eigentlich der Name Sebastian geplant, denn Papa wünschte sich einen Sohn. Als ich dann als drittes Mädchen zur

Welt kam, lief im Akademietheater gerade Hugo von Hofmannsthals Komödie »Cristinas Heimreise«; also nannte er mich Cristina und freute sich eben über sein Dreimäderlhaus, seinen sogenannten C-Wurf. In der Schar seiner »Weiberleut« war mein Platz der des Schmusekindes.

Ich verhielt mich oft wie ein Bub. Ich war zwar ein verträumtes Kind, aber ich war auch mutig und frech. Wenn es galt, auf einen Segelmast zu klettern, war ich als erste dort oben. Ich streichelte Tiere, in deren Nähe sich andere nicht getraut haben. Unsere Eule fütterte ich als einzige mit rohem Fleisch. Und ich wagte es, Papa zu widersprechen oder ihm die Wahrheit zu sagen. Oft schaffte ich es auch, ihn schlicht und einfach um den Finger zu wickeln. Ich mußte ihn nur lieb anblicken. Dagegen war er machtlos. »Zeig mir deine Augen«, sagte er dann, »Stina, mein Schönauge.«

Natürlich hat Papa zu Hause oft gebrüllt wie ein Löwe. Er mußte sich ja Ruhe verschaffen, wenn er von seinen Proben nach Hause kam, denn bei vier Kindern herrschte immer ein gewisser Lärmpegel. Sein Brüllen hat uns zeitweise gestört, zeitweise waren wir daran schon gewöhnt. Er selbst hat es nicht so dramatisch gesehen: »Ich schreie nicht«, schrie er oft, »ich spreche nur laut.«

Papa hat auf sehr bestimmte Art Einteilungen getroffen. Er ordnete an, daß ab drei Uhr nachmittags die Hausaufgaben zu erledigen waren und daß vor dem Essen die Hände gewaschen und die Nägel kontrolliert wurden. Wenn im Fernsehen Werbung lief, schaltete er den Ton ab, damit wir nicht »verblödeten«. Um so schöner war es, wenn im Fernsehen »Daktari« lief. Dann saß die ganze Familie zusammen, wir zitterten angesichts der vielen Abenteuer und freuten uns über die wunderbaren Naturaufnahmen. Papas erklärter Lieblingsstar dieser Serie war der schielende Löwe Clarence. Auch die Winnetou-Verfilmungen waren ein gemeinsames TV-Abenteuer. Ins Kino gingen wir äußerst selten. Später, als ich schon in Los Angeles, der Filmstadt schlechthin, lebte, waren Hollywoodstars ein häufiges Gesprächsthema zwischen Vater und mir. Über Anthony Quinn waren wir uns einig – er erinnerte mich auch stark an Papa. Der Film, der ihn zuletzt am meisten beeindruckte, ja sogar zu Tränen rührte, war »Der mit dem Wolf tanzt«. So etwas entsprach seiner Indianerseele.

Als wir Kinder waren, war Papa alles Amerikanische verhaßt. Wir durften weder Coca Cola trinken noch zu McDonald's gehen, geschweige denn die Hände in die Hosentaschen stecken oder Kaugummi kauen.

In Schulangelegenheiten war er nicht streng: »Stina, ich weiß, du schaffst das«, sagte er zum Beispiel, wenn ich Angst vor einer Schularbeit hatte. Er vertraute mir. Vielleicht, weil er unseren Erbanlagen vertraute.

Indem er uns so klar und deutlich die Richtung vorgab, hat er uns natürlich auch zur Unselbständigkeit erzogen. Um so härter traf es uns, als sich unsere Eltern scheiden ließen. Ich war damals dreizehn, und plötzlich war der Boden unter meinen Füßen weggezogen. So radikal, daß ich nicht die geringste Erinnerung an die ersten Jahre danach habe. Sie sind – Gott sei Dank – aus meinem Gedächtnis gelöscht.

Mit neunzehn zog ich in Papas Wiener Wohnung in der Schadekgasse im 6. Bezirk. Er war damals viel im Ausland, spielte lange in Berlin oder war auf Tournee. Wenn er in Wien war, frühstückten wir gemeinsam und führten lange Gespräche. Ratschläge,

Cristina Reyer

BERLIN 1986: CLAUDIA-MARIA, WALTHER REYER, CRISTINA, CLEMENS (V. L.)

was ich tun oder nicht tun soll, studieren oder einen Beruf erlernen, hat er mir nicht gegeben. Ich machte eine Ausbildung als Buchhändlerin und arbeitete dann für kurze Zeit in einem renommierten Wiener Verlag. Enttäuscht darüber, daß ich nicht die Superkarriere als Model oder Schauspielerin gemacht habe, war er nicht. Er sagte: »Du hast dir diesen Weg ausgesucht, jetzt lebe ihn. Wichtig ist, daß du glücklich bist.« Ich ging 1994 nach Los Angeles zu meiner Schwester Cordula. Anfangs arbeitete ich für einen Mosaikkünstler, jetzt bin ich Produktionsassistentin beim Film.

Meinen Vater habe ich zuletzt 1997 gesehen, als er uns an seinem 75. Geburtstag zu einem Rundflug über die Alpen einlud. Wir feierten dann sehr schön im Tiroler Gnadenwald, an jenem

Ort, den er so sehr liebte und wo wir schon als kleine Kinder Ski fuhren. Angela hatte für jenen Tag eine Tiroler Musikkapelle organisiert, das rührte ihn zu Tränen.

Jetzt, da er nicht mehr da ist, vermisse ich ihn auf schmerzliche Weise. Er war für mich ein starker Motor, der mich antrieb. Es ist schwer, ohne ihn zu leben, aber auch eine Herausforderung, die ich annehme.

Clemens Reyer, geboren 1966
»Ich war Papas männliche Unterstützung im Haus.«

»Gott sei Dank, nach drei Mädchen endlich ein Bub!« hieß es, so wurde mir später oft erzählt, als ich am Palmsonntag des Jahres 1966 auf die Welt kam. Meine Mutter ließ mich auf den Namen Clemens taufen, denn sie wünschte sich einen sanften, lieben Sohn, der nicht so wild werden sollte wie sein Vater.

Angeblich war ich das unkomplizierteste von allen Kindern. Das ist wohl immer so, wenn man als letzter in einer langen Reihe geboren wird. Mit dem Kleinsten werden keine umständlichen Faxen mehr gemacht. – Spielzeug gab es bei uns natürlich in jeder Menge. Aber es war eben Mädchenspielzeug, Puppen, Kleidchen, Bilderbücher. Damit wußte ich nichts anzufangen. Ich wollte meine eigenen Sachen. Und wenn ich dann ein Auto oder einen Zug bekam, spielte ich damit viel intensiver und konzentrierter als meine Schwestern. Ich wollte basteln und Burgen bauen, verhielt mich also schon als Bub richtig männlich.

Meine Ankunft teilte die Familie in zwei Teile. Da waren auf der einen Seite die Weiberleut und auf der anderen wir, Papa und ich. Später, als ich groß genug war, um im Sommer in Südtirol mit auf die Berge zu wandern, ergab sich immer dasselbe Bild: Papa und ich schritten forsch voraus, Mama und die Mädchen blieben weit hinter uns zurück. Auch im Winter war es nicht anders: Papa und ich unternahmen wilde Rodelfahrten und beeilten uns, rasch ins Gasthaus zu den Speckknödeln zu kommen, Mama mühte sich mit meinen Schwestern im Stemmbogenfahren wie eine Entenmutter, der die kleinen Entlein hinterdreinfolgen.

Ich war erst elf, als meine Eltern geschieden wurden. Das war für mich wohl die schlimmste Zeit meines Lebens: Meine Eltern nicht mehr zusammen, mein Vater nicht mehr täglich bei mir! Mit sechzehn, als Gymnasiast des Wiener Theresianums, zog ich zu Papa in die Schadekgasse. Doch das Gefühl des Verlassenseins bin ich nicht los geworden. In der Schule ließ ich nach, brachte einen Fünfer nach dem anderen nach Hause. Ich habe mich damals in eine andere Wirklichkeit hineingeträumt, weil ich mit der Realität nicht fertig wurde. Das gelang mir mit Drogen am besten. Papa hat mich dann zu sich nach Berlin geholt, wo er gerade spielte. Aber auch das hat mir nicht geholfen. Mein Gesundheitszustand verschlechterte sich weiter, ich zog mich immer mehr in mich selbst zurück. Damals war er der einzige, der noch mit mir umgehen konnte, und ich brauchte die Nähe des Vaters so sehr. Tatsächlich war er immer für mich da.

Lange Aufenthalte in Kliniken waren nötig, um mich wieder ins Leben zurückzuholen. Ein Jahr lang wurde ich in der Schweiz behandelt, danach in Innsbruck und in Wien. Papa hat immer versucht, den besten Platz für mich zu finden. Aber mein Platz war bei ihm.

Es fügte sich so …

Mein Vater war ein Mensch, zu dem ich immer aufgeblickt habe. Er hat seinen Beruf sehr ernst genommen. Seine Arbeit und seine Leistungen haben mich beeindruckt. Leider habe ich nicht so viel Kraft, wie er sie immer hatte. Er hat sich den Dingen gestellt. Oft sagte er zu mir: »Clemens, du mußt alles annehmen im Leben. Auch das Schlechte!« Ich habe nach seinen Grundsätzen zu leben versucht, aber oft ist es mir nicht gelungen.

Inzwischen bin ich soweit, daß ich in Wien arbeiten und mein Leben selbst finanzieren kann. Ich muß nach wie vor starke Medikamente nehmen, aber ich habe gelernt, mit meinen Problemen umzugehen.

Daß ich Papa wiedersehen werde, darauf hoffe ich sehr. Ich denke viel und oft an ihn.

Veronika (Ronni) Manchot, geboren 1950:
»Wann immer ich in den Bergen bin, denke ich an meinen Vater.«

Mein Vater und ich trafen uns nur selten, dann aber immer intensiv. In den »Jedermann«-Jahren hat Vater für den Sommer ein Haus bei Salzburg gemietet. Dort habe ich einmal vierzehn Tage verbracht. Zum ersten Mal erlebte ich ihn bewußt, spürte seine Kraft, seine Dominanz und daß er die Zügel seiner Familie fest in der Hand hatte. Eigentlich habe ich mich in dieser Zeit, das war etwa 1964/65, vor ihm gefürchtet.

Bei meiner Hochzeit im Jahr 1972 lernte ich eine andere Seite von ihm kennen. Wir führten ein erstes langes Gespräch über die Liebe und das Leben. Viele solche sehr intensiven Gespräche, auch über Kunst und Literatur, sollten über Jahre hinweg folgen.

Veronika Reyer

ALLE KINDER: WOLFGANG, CLEMENS, CLAUDIA-MARIA, RONNI, CRISTINA, CORDULA (V. L.)

Doch dieser allererste Gedankenaustausch zeigt ihn mir als sanften, guten Zuhörer und auch als jemanden, der einen guten väterlichen Rat geben konnte.

Als unsere erste Tochter geboren wurde, war er gleich zur Stelle, und ich glaube, sie hat ihm sogar gefallen, obwohl sie gar nicht reyerisch aussieht. Bei unserer zweiten Tochter hat er sich den Weg nach München erspart.

Plötzlich hatte er immer öfter in München zu tun, in welcher Angelegenheit, darüber durfte ich ihn nicht ausfragen. Heute weiß ich, der Grund hieß Angela, seine letzte Frau. Er hielt sich stets ein wenig verdeckt, tat oft geheimnisvoll. Vieles hat er für sich behalten. Doch jetzt hatten wir Gelegenheit, uns öfter im »Franziskaner« auf eine Brotzeit zu treffen und unser Verhältnis zu vertiefen. Viel sprachen wir über unsere gemeinsame Liebe zur Natur, speziell zu den Bergen. So war es sein wie mein Wunsch, daß ich einmal den Ort seiner Kindheit mit ihm besuchen könnte. Das was die schönste Zeit, die wir miteinander verbracht haben. Wir waren sehr fröhlich und ausgelassen, und er war sichtlich erfreut, daß auch ich mich so begeistert über unsere Treffen zeigte. In diesen Tagen waren wir uns sehr nahe.

Wir teilten die Liebe zur Natur. Wann immer ich in den Bergen bin, denke ich an meinen Vater.

Wolfgang Reyer, geboren 1949:
»Nähe und Distanz«

Im August 1999, nur wenige Wochen vor dem Tod meines Vaters, rief mich Hanne Egghardt, die Initiatorin dieses Buches, wegen eines Interviews an. Es sei der ausdrückliche Wunsch meines Vaters, daß auch ich in seinen Memoiren vorkommen solle. Ich war erstaunt, bislang war nämlich die Existenz meiner Person in der Medienberichterstattung rund um meinen Vater so gut wie nie berücksichtigt worden. Ein Umstand, der gelegentlich als kränkend empfunden worden ist – mehr von meiner Mutter als von mir selbst.

Meine früheste Kindheit verbrachte ich in Innsbruck. Dort arbeiteten meine Eltern als Kollegen an der Exlbühne. Als ich drei Jahre alt war, kehrte meine Mutter, Käthe Lentsch, mit mir in ihre burgenländische Heimat zurück. Sie war sehr darauf bedacht, mir ein positives Bild von meinem Vater zu vermitteln. Meine Familie waren damals meine Mutter und meine Großeltern. Die Abwesenheit des leiblichen Vaters empfand ich nicht als Mangel. Mein Großvater strahlte viel Güte und Gelassenheit aus, er diente mir als positive männliche Identifikationsfigur. Den Vater selbst kannte ich bislang nur aus Erzählungen und Zeitungsausschnitten.

Zur ersten mir bewußten Begegnung kam es, als ich etwa acht Jahre alt war, und daran erinnere ich mich noch sehr genau: seine Schilderungen von dem Flugzeugabsturz, den er überlebt hatte – vom »Weihnachtswunder von Schwechat«; meine Gesangsdarbietungen, ein Musik spielendes Feuerzeug, das er vor mir in seinen Händen versteckt hielt. Er erschien mir groß und mächtig, aber auch freundlich. In den folgenden Jahren kam es dann im Haus meiner Taufpatin Traute Foresti zu zwei weiteren Treffen. Ich lernte mit einem selten, scheinbar zufällig erscheinenden Vater zu leben, er schien mir gegenüber frei von hohen Ansprüchen, Erwartungen oder Verpflichtungen zu sein.

Claudia Reyer, die spätere Frau meines Vaters, war besonders bemüht, mich in den Familienkreis miteinzubeziehen. Alljährlich verbrachte ich während der Salzburger Festspiele einige Tage mit meinen Geschwistern. Ich erkannte, wie belastend ein berühmter Vater für einen Heranwachsenden sein konnte. Es war lästig, ständig nach dem so Erfolgreichen gefragt zu werden. Man fühlte sich unter Druck gesetzt. Mein Wunsch, eine eigenständige Persönlichkeit darzustellen, wurde in dieser Lebensphase geboren. Eine noch deutlichere Abgrenzung zu meinem Vater erfolgte zur Zeit meiner Matura: Nach einer Auseinandersetzung voller Mißverständnisse kam es zu einem jahrelangen Bruch ohne jeden Kontakt. Den ersten Schritt zu einem Wiedersehen unternahm ich anläßlich meiner Hochzeit im Burgenland. Seither trafen wir uns wieder regelmäßig, zumindest vor Weihnachten.

Im Frühsommer des Jahres 1999 feierte ich ein großes Fest. Mein Vater konnte aufgrund seines Sturzes in Perchtoldsdorf nicht dabeisein. Auf einem Videoband, einem Geschenk, in dem viele mir nahestehende Menschen zu meiner Person Stellung nehmen, erzählte er in berührender Weise, wie sehr ich ihn an seinen eigenen Vater, an dessen Güte und Sanftmut, erinnerte.

Unsere letzte und wahrscheinlich wichtigste Begegnung fand an Papas siebenundsiebzigsten Geburtstag statt, knapp vor seinem Tod. Dieses Treffen erlebten wir wohl beide als einen würdevollen und befreienden Abschied. Bei diesem letzten und ganz versöhnlichen Zusammentreffen konnten wir offengebliebene, ganz wesentliche Fragen klären. Nun spürte ich das Naheverhältnis zu meinem Vater, das ich bislang nur erahnen hatte können, und ich fand eine Bestätigung dessen, was ich von Freunden so oft gehört hatte: Dein Vater ist sehr stolz auf dich!

Schauspieler Friedrich W. Schwardtmann:
»Ich möchte meinen 60. Geburtstag bei dir feiern.«

Es war 1974 in Krefeld, mein erstes Jahr am Theater. Für den Sommer stand William Shakespeares »Sommernachtstraum« auf dem Programm. Als Gast sollte Walther Reyer kommen, Burgschauspieler, mir völlig unbekannt. Jeder nahm an, er würde den Oberon spielen, den König der Elfen. Aber nein, er war für den Zettel vorgesehen. Als Walther Reyer in Krefeld ankam, herrschte Ergriffenheit und Ehrfurcht. Alle Schauspieler und auch der Intendant buckelten vor ihm. »Dürfen wir Sie zum Essen einladen?« fragte der eine. »Ich fahre Sie gerne zum Flughafen«, sagte der andere.

Dann kam die Premiere. Und am Tag danach erschienen die Kritiken. Die Journalisten ließen Walther Reyer als Zettel nicht leben. Da zeigte sich einmal mehr, was für ein Mistberuf die Schauspielerei ist: Alle, die bis dahin vor ihm auf dem Boden gelegen waren, hatten plötzlich keine Zeit mehr, mit ihm nach der Vorstellung auf ein Bier zu gehen. Nicht einmal der Intendant.

Ich bin in Krefeld jeden Abend mit ihm ausgegangen. Wir verbrachten eine Reihe von unvergeßlichen durchschwärmten Nächten. Daraus wurde eine Freundschaft, die Jahrzehnte hielt. Wir telefonierten oft miteinander, sahen uns immer wieder. Für mich

Es fügte sich so ...

hat ihn vermutlich auch eingenommen, daß ich zwar in Köln geboren, aber in Südtirol aufgewachsen war und die große Liebe zu den Bergen mit ihm teilte.

Wenn wir uns in Salzburg trafen, kam es vor, daß er mitten in der Unterhaltung sagte: »Jetzt ist es aber Zeit, die Kinder ins Bett zu bringen.« Dann hatte ich plötzlich das Auto voller lauter, lebhafter Kinder, ein wahrer Sack voller Flöhe. Natürlich wollten die Kinder nicht ins Bett. Natürlich dauerte es Stunden, bis ich wieder zurück in der Stadt war.

Die Nächte in Salzburg waren wilde Streifzüge. Sie begannen am Stammtisch von Ernst Haeusserman, führten über zahlreiche Lokale ins »Chez Roland« und endeten meistens, wenn der Morgen schon graute, beim Würstelstand jenseits der Salzach. Wenn uns die Würstelfrau von weitem kommen sah, rief sie schon: »Da kommt der Jedermann!« Dann gab es für uns kein Anstellen, uns wurden die Würstel auf eine Bank serviert. Dort saßen wir dann, bissen von unserer Burenwurst ab und beobachteten, wie die Sonne hinter dem Mönchsberg aufging.

Als wir einmal in Wien durch die Kärntner Straße schlenderten, sah Walther vor dem Büro der Air France einen Polizisten stehen. »Freddie, den hau ma z'samm!« rief er. »Ich hab so eine Wut auf die Polizei!« Kurz zuvor hatten ihn in Salzburg zwei Polizisten angehalten, als er nachts die Salzach entlanggegangen war: »Papiere!« forderten sie ihn auf. Darauf brüllte er empört, er sei der Jedermann. »Das kann ja jeder sagen!« war die Antwort. Ein Wort gab das andere, es kam zu einer wilden Rauferei, Walther Reyer landete hinter Gittern. Die Zeitungen bekamen Wind davon, prompt konnte man lesen: »Jedermann im Knast.«

Tage später ging er wieder an der Salzach spazieren. Diesmal

DER SCHAUSPIELER FREDDIE SCHWARDTMANN

kam ihm ein einzelner Polizist entgegen. Walther erzählte mir den Vorfall so: »Ich riß ihm die Kappe vom Kopf und warf sie in die Salzach. Über den Rest will ich nichts erzählen. Man spricht so viel vom Salzburger Herz. Auch bei der Polizei. Aber was tut ein Herz? Es schlägt!«

1980 kam ich nach Wien und zog in eine Wohnung bei Klosterneuburg, die Zugang zu einem riesengroßen, parkartigen Garten hat. Eines Tages rief mich Walther an: »Freddie, ich möchte meinen 60. Geburtstag bei dir feiern!« Ich sagte: »Ich freue mich über die Ehre, aber wieso bei mir?« – »In einem Lokal werde ich ständig belästigt, und zu Hause läutet ununterbrochen das Telefon.«

Wenige Tage später fuhren zwei Taxis vor meinem Haus vor. Das eine war voll mit Kindern, das andere mit Eßwaren und Feuerwerkskörpern. Es war ein glühend heißer Tag. In der lauen Sommernacht eröffneten wir das Feuerwerk. Ein leichtes Lüftchen trieb eine Rauchwolke zu den offenstehenden Fenstern der Nachbarn. Jemand baute sich vor dem Fenster auf und brüllte: »So eine Gemeinheit, Sie denken zu wenig.« Walther konterte: »Und Sie schlafen zu wenig!« Augenblicklich trat Ruhe ein.

Ungefähr ein Jahr vor seinem Tod trafen wir einander in einem seiner Lieblingslokale, im »Schwarzen Kameel« in Wien. An dem Tag wurde auf dem Platz schräg gegenüber ein Kinderfest veranstaltet. Die Feuerwehr hatte einen Kran aufgebaut, mit dem die Kinder in die Höhe gefahren wurden. »Da müssen wir hinauf«, rief Walther Reyer aufgeregt. Die Feuerwehrmänner winkten ab: »Kommt nicht in Frage, nur für Kinder.« Aber dann sagte einer: »Wart einmal, den einen kenn' ich doch, der ist ja vom

Burgtheater! Und der andere, ist der nicht von der Josefstadt?« Und schon standen wir auf der Hebebühne und fuhren in luftige Höhen hinauf. Der Feuerwehrmann hatte erkannt: Schauspieler sind wie Kinder. Auf Walther Reyer traf das ganz besonders zu.

Schauspieler Erich Auer
Rede am Grab Walther Reyers

»Das Leben nennt der Derwisch eine Reise und eine kurze freilich, von zwei Spannen diesseits der Erde nach zwei Spannen drunter. Zwar, eine Sonne, sagt man, scheint dort auch, und über buntere Felder noch als hier. Ich glaub's«: Noch heute glaube ich Walthers Stimme diese Stelle aus Kleists »Prinz von Homburg« zu vernehmen, als wir als Freundespaar »Prinz« und »Hohenzollern« auf der Burgtheaterbühne standen. Ich denke, man glaubte uns diesen wahren Freundschaftsbund, denn so viel Gemeinsames verband uns auch im Leben. Gleiche Anschauungen über die Welt und das Theater, die tirolischen Ahnen, die Zuneigung zu unseren Vätern, die im Ersten Weltkrieg an der Südfront in den Tiroler Bergen kämpften, das Wirken bei der Exlbühne, die Wohnsitze nahe dem Gießhübler Heidebergerl – die Liebe zur Heimat Tirol und zum Vaterland Österreich. Die Liebe zu den Worten unserer großen Dichter. Die Liebe zu unserer zweiten Heimat, dem Burgtheater. Beide kamen wir als junge, wilde, ungebändigte und reichlich ungeschliffene Menschen an dieses einzigartige Institut und begannen zu begreifen, welch kostbares Juwel ein nicht zusammengewürfeltes, sondern zusammengewachsenes Ensemble ist. Mein Lehrer am Konservatorium, der wunderbare Josefstadt-Schauspieler Leopold Rudolf, warnte uns Schauspielschüler vor der Zukunft mit den Worten: »Auf eines müßt ihr gefaßt sein: Am Theater werdet ihr wohl nette Kollegen, aber niemals einen wahren Freund haben. Zu tief ist im Thespis-Karren-Völkchen die Eifersucht und der Neid auf den Erfolg des anderen verborgen!« Walther Reyer widerlegte diesen pessimistischen Ausspruch. Er war nie neidisch.

Jeder Theaterdirektor konnte froh sein, ein so exzellentes und noch dazu so blendend aussehendes Ensemblemitglied zu besitzen. Einen Schauspieler, der nie eine Rolle forderte oder gar erbettelte. Walther Reyer war kein »Klinkenputzer«. Auf ihn paßten die Worte von Nestroys Peter Span: »Ich bin ein Zimmermann und kein Vorzimmermann.«

Walther Reyer beteiligte sich nie am allseits beliebten »Ausrichten« – nie hörte man von ihm abfällige Bemerkungen über Kollegen. Wenn man mit ihm sprach, erzählte er wenig von sich, sondern mit ungeheurer Liebe von seiner Frau und mit Stolz von seinen Kindern. Auch über seine früheren Lebenspartner sprach er stets mit Achtung und immer noch vorhandener liebevoller Zuneigung.

Er war leidenschaftlich im Vertreten seiner Ansichten, heiter, frohgemut und fast kindlichen Gemüts. Ich sehe ihn noch vor mir, wenn er nach Ende der Vorstellung in großen Sprüngen die Treppe von der Bühne zu unserem Garderobengang heraufstürzte, seinem Leibgarderober Amon zurief: »Amoniak, komm, hilf mir!« »Amoniak« nannte er ihn, weil dessen lustige, aber ätzende Floridsdorfer Sprüche ihn immer wieder aufs neue überraschten. Oft sangen wir im Duett aus unseren nebeneinanderliegenden Garderoben die Lieder unserer Kindheit, »Das Kasamandl«, das »Höttinger Vogelfängerlied«, »Mein schönes Innsbruck am grünen

Inn« und immer wieder »Von Siegmundskron der Etsch entlang bis zur Salurner Klaus«.

Mit einem Wort, Walther Reyer war glücklich und stolz, unserem lieben Burgtheater anzugehören – und nicht unwesentlicher Bestandteil desselben zu sein. Er spielte alles, was gut und teuer war, eine Rolle schöner als die andere. Vielleicht blieben ihm einige ältere Rollen wie Goethes Ritter von der Eisernen Hand, Schillers Wilhelm Tell, Büchners Danton und Ibsens Peer Gynt versagt. Gestalten, für die er wie geschaffen schien. Aber dafür begeisterte er ein Millionen-Fernseh-Publikum, im »Bergdoktor« wurde er zum herzerfrischenden »Viechdoktor« der Nation. Ein Lieblings-Rollenwunsch wurde ihm doch noch zuteil, der »Alte Grutz« in Schönherrs »Erde«, jener zähe Bergbauer, der die schwere Krankheit besiegt und den eigenen Sarg zertrümmert. Jenen Sarg, von dem er sagt: »Ein larchener Mensch braucht a larchene Truchn.«

Und nun liegt er, wir alle können es noch nicht so richtig fassen, in der larchenen Truhe. Sicher unvergessen von seinem Theater-, Film- und Fernsehpublikum. Von den Menschen, die ihn liebten und noch immer lieben. Von seiner Frau und seinen prächtigen Kindern.

Platon läßt Sokrates sagen: »Ist aber der Tod eine Auswanderung von hinnen an einen anderen Ort, und ist das wahr, was gesagt wird, daß dort alle Verstorbenen sind, was für ein größeres Gut könnte es wohl geben.« Und Sokrates hoffte, dann Aias, Telamon, Agamemnon, Odysseus und Homer zu treffen.

Walther Reyer war ein gläubiger Mensch, und er hoffte sicher, vor der himmlischen Nordkette in der elysischen Maria-Theresienstraße unter der Anna-Säule alle großen Dichter zu treffen,

Es fügte sich so ...

welchen er seine Stimme lieh, seine Tiroler Dichter Schönherr und Kranewitter, die Tiroler Helden Speckbacher, Pater Haspinger und den Sandwirt, vor allem aber seinen verehrten Vater und seine über alles geliebte Mutter.

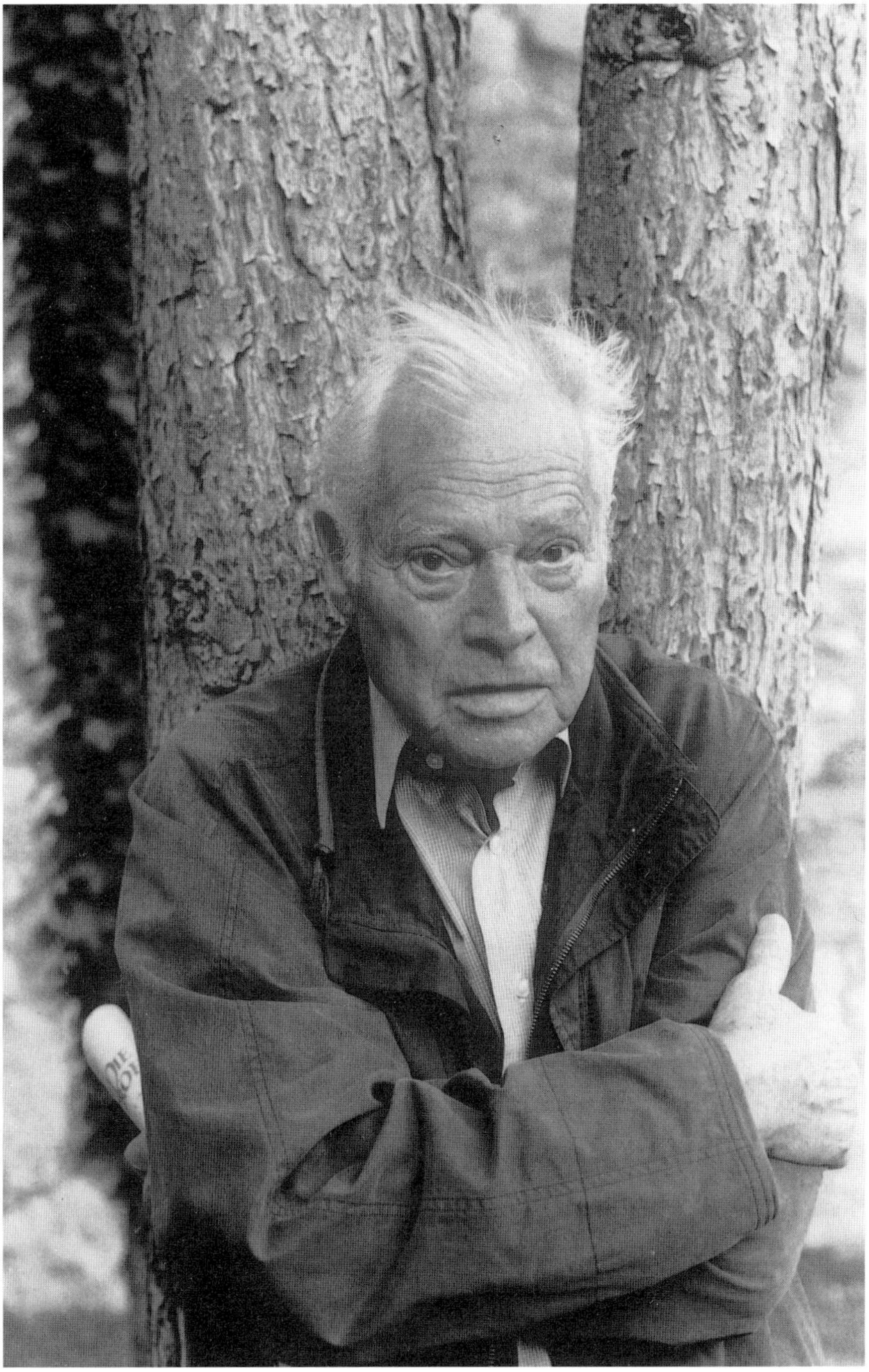

Der Tod ist groß.
Wir sind die Seinen
lachenden Munds.
Wenn wir uns mitten im Leben meinen,
wagt er zu weinen
mitten in uns.

Rainer Maria Rilke

Anhang

Premieren am Burgtheater

Jean Giraudoux: »Amphitryon 38«
Premiere: 15.11.1955, Akademietheater
Regie: Joseph Glücksmann, Rolle: Amphitryon
Mitwirkende: Susi Nicoletti, Rosa Albach-Retty, Hans Thimig, Michael Janisch u. a.

Carl Zuckmayer: »Das kalte Licht«
Premiere: 15.2.1956, Burgtheater
Regie: Josef Gielen, Rolle: Kristof Wolters
Mitwirkende: Paul Hartmann, Attila Hörbiger, Judith Holzmeister u. a.

Franz Grillparzer: »Die Jüdin von Toledo«
Premiere: 25.3.1956, Burgtheater
Regie: Ernst Lothar, Rolle: Alphons VIII.
Mitwirkende: Annemarie Düringer, Eva Zilcher, Fred Hennings, Hermann Thimig u. a.

William Shakespeare: »Maß für Maß«
Premiere: 26.5.1956, Burgtheater
Regie: Leopold Lindtberg, Rolle: Claudio
Mitwirkende: Albin Skoda, Attila Hörbiger, Fred Liewehr, Hermann Thimig, Richard Eybner u. a.

Anhang

Friedrich Schiller: »Don Karlos«
Premiere: 2.6.1956, Burgtheater
Regie: Josef Gielen, Rolle: Don Karlos
Mitwirkende: Eva Katharina Schultz, Elisabeth Höbarth,
Werner Krauß, Stefan Skodler, Fred Liewehr, Hans Thimig,
Raoul Aslan, Heinz Moog u. a.

Friedrich Schiller: »Maria Stuart«
Premiere: 20.10.1956, Burgtheater
Regie: Leopold Lindtberg, Rolle: Mortimer
Mitwirkende: Paula Wessely, Käthe Dorsch, Albin Skoda,
Fred Liewehr, Heinz Moog u. a.

Heinrich v. Kleist: »Prinz Friedrich von Homburg«
Premiere: 25.4.1959, Burgtheater
Regie: Adolf Rott, Rolle: Prinz Friedrich von Homburg
Mitwirkende: Ewald Balser, Ruth Niehaus, Hermann Thimig u. a.

Friedrich Schiller: »Die Piccolomini«
Premiere: 3.10.1959, Burgtheater
Regie: Leopold Lindtberg, Rolle: Max Piccolomini
Mitwirkende: Attila Hörbiger (Prolog), Heinz Moog, Martha Wallner,
Ewald Balser, Robert Lindner, Albin Skoda, Fred Hennings,
Aglaja Schmid, Hilde Krahl, Paul Hoffmann, Richard Eybner u. a.

Friedrich Schiller: »Wallensteins Tod«
Premiere: 31.10.1959, Burgtheater
Regie: Leopold Lindtberg, Rolle: Max Piccolomini
Mitwirkende: Albin Skoda, Hilde Krahl, Aglaja Schmid u. a.

Eugene O'Neill: »Ein Mond für die Beladenen«
Premiere: 27.9.1960, Akademietheater
Regie: Günther Rennert, Rolle: James Tyrone jr.
Mitwirkende: Heidemarie Hatheyer, Ewald Balser, Robert Lindner u. a.

Franz Grillparzer: »Das goldene Vließ«
Premiere: 3.12.1960, Burgtheater
Regie: Leopold Lindtberg, Rolle: Jason
Mitwirkende: Heidemarie Hatheyer, Paul Hoffmann, Sonja Sutter, Heinz Moog u. a.

Sophokles: »Antigone«
Premiere: 24.4.1961, Burgtheater
Regie: Gustav Rudolf Sellner, Rolle: Haimon
Mitwirkende: Joana Maria Gorvin, Josef Meinrad, Albin Skoda, Günther Haenel u. a.

Georges Schehadé: »Die Reise«
Premiere: 15.9.1961, Burgtheater
Regie: Axel Corti, Rolle: Diego
Mitwirkende: Wolf Albach-Retty, Josef Meinrad, Alexander Trojan, Albin Skoda, Hermann Thimig, Erika Pluhar, Achim Benning, Erich Auer u. a.

Gotthold Ephraim Lessing: »Emilia Galotti«
Premiere: 24.11.1961, Burgtheater
Regie: Ernst Lothar, Rolle: Hettore Gonzaga, Prinz von Guastalla
Mitwirkende: Käthe Gold, Attila Hörbiger, Aglaja Schmid, Wolfgang Gasser, Hans Richter, Charles Regnier u. a.

William Shakespeare: »Der Widerspenstigen Zähmung«
Premiere: 23.12.1961, Akademietheater
Regie: Josef Gielen, Rolle: Petruchio
Mitwirkende: Wolf Albach-Retty, Heinz Moog, Hermann Thimig, Inge Konradi, Sonja Sutter, Jürgen Wilke, Hans Thimig u. a.

Anhang

Calderón de la Barca: »Der Richter von Zalamea«
Premiere: 23.9.1962, Burgtheater
Regie: Josef Gielen, Rolle: Don Alvaro
Mitwirkende: Hermann Schomberg, Fred Liewehr, Helmut Janatsch, Elisabeth Stemberger, Achim Benning, Hanns Obonya, Ernst Gegenbauer u. a.

Arthur Schnitzler: »Der junge Medardus«
Premiere: 23.12.1962, Burgtheater
Regie: Adolf Rott, Rolle: Medardus
Mitwirkende: Alma Seidler, Erich Auer, Wolf Albach-Retty, Gerhard Geisler, Josef Krastel, Michael Janisch u. a.

Johann Wolfgang v. Goethe: »Stella«
Premiere: 12.2.1963, Akademietheater
Regie: Rudolf Steinboeck, Rolle: Fernando
Mitwirkende: Paula Wessely, Aglaja Schmid, Lisl Kinast, Loni Friedl, Wolfgang Gasser u. a.

Heinrich v. Kleist: »Amphitryon«
Premiere: 16.4.1963, Akademietheater
Regie: Rudolf Steinboeck, Rolle: Amphitryon
Mitwirkende: Boy Gobert, Peter P. Jost, Blanche Aubry, Erich Schellow, Aglaja Schmid u. a.

William Shakespeare: »König Richard II.«
Premiere: 27.5.1963, Burgtheater
Regie: Leopold Lindtberg, Rolle: Richard II u.a.
Mitwirkende: Paul Hoffmann, Fred Liewehr, Eva Zilcher, Hans Thimig, Johanna Matz, Wolfgang Gasser, Liselotte Schreiner u. a.

Harald Zusanek: »Das Welttheater«
Premiere: 14.10.1963, Burgtheater
Regie: Adolf Rott, Rolle: Der Bettler
Mitwirkende: Paul Hoffmann, Andreas Wolf, Martha Wallner, Fred Liewehr, Boy Gobert, Erich Auer, Aglaja Schmid, Sonja Sutter u. a.

Ferdinand Raimund: »Der Verschwender«
Premiere: 28.11.1963, Theater an der Wien
Regie: Kurt Meisel, Rolle: Flottwell
Mitwirkende: Inge Konradi, Josef Meinrad, Heinz Moog, Boy Gobert,
Adrienne Gessner, Christiane Hörbiger, Wolfgang Gasser u. a.

William Shakespeare: »Macbeth«
Premiere: 29.2.1964, Burgtheater
Regie: Günther Rennert, Rolle: Macduff
Mitwirkende: Heidemarie Hatheyer, Will Quadflieg, Erich Auer,
Max Mairich, Judith Holzmeister, Helmut Janatsch, Hanns Obonya
u. a.

William Shakespeare: »König Heinrich VI.«
Premiere: 16.5.1964, Burgtheater
Regie: Leopold Lindtberg, Rolle: Lord Talbot
Mitwirkende: Boy Gobert, Heinz Ehrenfreund, Helmut Janatsch,
Lotte Tobisch, Annemarie Düringer, Eva Zilcher, Hermann Thimig,
Hugo Gottschlich, Josef Meinrad u. a.

Calderón de la Barca: »Das Leben ist Traum«
Premiere: 6.1.1965, Burgtheater
Regie: Werner Düggelin, Rolle: Astolfo
Mitwirkende: Ewald Balser, Sonja Sutter, Johanna Matz,
Thomas Holtzmann u. a.

Eugene O'Neill: »Seltsames Zwischenspiel«
Premiere: 21.2.1965, Akademietheater
Regie: Rudolf Steinboeck, Rolle: Edmund Darrell
Mitwirkende: Alma Seidler, Hans Thimig, Wolfgang Stendar,
Richard Münch, Heinz Ehrenfreund, Sylvia Lukan u. a.

Anhang

Friedrich Schiller: »Die Räuber«
Premiere: 23.4.1965, Burgtheater
Regie: Leopold Lindtberg, Rolle: Karl Moor
Mitwirkende: Boy Gobert, Erika Pluhar, Heinz Woester,
Alexander Trojan, Michael Janisch, Wolfgang Stendar, Achim Benning
u. a.

Fjodor M. Dostojewskij: »Die Brüder Karamasow«
Premiere: 17.6.1965, Burgtheater
Regie: Walter Lieblein, Rolle: Mitja
Mitwirkende: Heinz Woester, Sonja Sutter, Martha Wallner,
Alexander Trojan, Heinz Moog, Heinz Ehrenfreund u. a.

Franz Grillparzer: »König Ottokars Glück und Ende«
Premiere: 23.12.1965, Burgtheater
Regie: Kurt Meisel, Rolle: König Ottokar von Böhmen
Mitwirkende: Fred Liewehr, Josef Meinrad, Eva Zilcher, Eva Kerbler,
Wolfgang Gasser, Günther Haenel, Jürgen Wilke, Gerhard Geisler,
Edd Stavjanik u. a.

Franz Grillparzer: »Der Traum ein Leben«
Premiere: 22.1.1966, Burgtheater
Regie: Walter Gerhardt, Rolle: Rustan
Mitwirkende: Wolfgang Gasser, Fred Liewehr, Erika Pluhar,
Josef Krastel, Hanns Obonya, Heinz Ehrenfreund u. a.

Peter Weiss: »Die Verfolgung und Ermordung des Jean Paul Marat«
Premiere: 6.3.1968, Akademietheater
Regie: Hellmuth Matiasek, Rolle: Marat
Mitwirkende: Leon Askin, Paola Loew, Sonja Sutter, Peter Striebeck,
Frank Hoffmann, Peter P. Jost u. a.

Premieren am Burgtheater

Johann Wolfgang v. Goethe: »Iphigenie auf Tauris«
Premiere: 23.4.1968, Burgtheater, im Juli und August Gastspiel im
Rahmen der Bregenzer Festspiele
Regie: Leopold Lindtberg, Rolle: Orest
Mitwirkende: Judith Holzmeister, Erich Auer, Gerhard Geisler,
Wolfgang Stendar u. a.

William Shakespeare: »Coriolanus«
Premiere: 20.4.1969, Burgtheater
Regie: Kurt Meisel, Rolle: Cajus Marcius
Mitwirkende: Michael Janisch, Ewald Balser, Liselotte Schreiner,
Angelika Hauff, Michael Janisch, Jürgen Wilke, Wolfgang Gasser,
Achim Benning, Peter Schratt u. a.

William Shakespeare: »Antonius und Cleopatra«
Premiere: 17.10.1969, Burgtheater
Regie: Gerhard Klingenberg, Rolle: Antonius
Mitwirkende: Hilde Krahl, Eva Zilcher, Sylvia Lukan,
Heinrich Schweiger, Romuald Pekny, Hanns Obonya,
Wolfgang Gasser u. a.

William Shakespeare: »Julius Cäsar«
Premiere: 27.2.1971, Burgtheater
Regie: Gerhard Klingenberg, Rolle: Brutus
Mitwirkende: O.E. Hasse, Sebastian Fischer, Joachim Bissmeier u. a.

Alexander N. Ostrowski: »Der Wald«
Premiere: 6.4.1971, Burgtheater
Regie: Jaroslav Dudek, Rolle: Gennadi
Mitwirkende: Günther Haenel, Walter Starz, Käthe Gold, Jane Tilden,
Sylvia Lukan, Florian Liewehr, Joachim Bissmeier, Richard Eybner u. a.

Anhang

Henrik Ibsen: »Nora«
Premiere: 15.12.1971, Akademietheater
Regie: Gerhard F. Hering, Rolle: Torwald Helmer
Mitwirkende: Elisabeth Orth, Eva Zilcher, Joachim Bissmeier,
Rudolf Melichar u. a.

Franz Grillparzer: »Ein treuer Diener seines Herrn«
Premiere: 5.2.1972, Burgtheater
Regie: Leopold Lindtberg, Rolle: König Andreas
Mitwirkende: Ewald Balser, Eva Rieck, Frank Hoffmann,
Sigrid Marquardt, Erich Auer u. a.

Arthur Miller: »Alle meine Söhne«
Premiere: 30.3.1972, Akademietheater
Regie: Rudolf Steinboeck, Rolle: George Deever
Mitwirkende: Ewald Balser, Käthe Gold, Joachim Bissmeier, Sylvia Lukan,
Hanns Obonya, Sigrid Marquardt, Achim Benning, Ulli Fessl u. a.

Johann Wolfgang v. Goethe: »Götz von Berlichingen«
Premiere: 16.10.1973, Burgtheater
Regie: Hans Schweikart, Rolle: Weislingen
Mitwirkende: Attila Hörbiger, Heinrich Schweiger, Elisabeth Orth,
Helma Gautier, Hanns Obonya, Sonja Sutter u. a.

Friedrich Schiller: »Maria Stuart«
Premiere: 19.9.1974, Akademietheater
Regie: Erwin Axer, Rolle: Robert Dudley, Graf von Leicester
Mitwirkende: Annemarie Düringer, Erika Pluhar, Thomas Stroux,
Paul Hoffmann, Erich Auer, Hannes Siegl u. a.

Franz Grillparzer: »König Ottokars Glück und Ende«
Premiere: 17.1.1976, Burgtheater
Regie: Gerhard Klingenberg, Rolle: Rudolf von Habsburg
Mitwirkende: Heinz Reincke, Herwig Seeböck, Käthe Gold,
Else Ludwig, Erich Auer, Klaus Behrendt, Fritz Muliar, Attila Hörbiger
u. a.

Ferdinand Raimund: »Der Verschwender«
Premiere: 8.9.1976, Burgtheater
Regie: Leopold Lindtberg, Rolle: Julius von Flottwell
Mitwirkende: Sonja Sutter, Attila Hörbiger, Fritz Muliar,
Josef Meinrad, Inge Konradi u. a.

William Shakespeare: »Troilus und Cressida«
Premiere: 28.12.1977, Burgtheater
Regie: Terry Hands, Rolle: Sprecher des Prologs
Mitwirkende: Attila Hörbiger, Klausjürgen Wussow, Peter Wolfsberger,
Georg Schuchter, Andrea Jonasson, Lotte Ledl u. a.

Fritz Hochwälder: »Donadieu«
Premiere: 22.11.1980, Akademietheater
Regie: Leopold Lindtberg, Rolle: Donadieu
Mitwirkende: Rolf Boysen, Klausjürgen Wussow, Michael Janisch,
Kurt Beck, Aglaja Schmid, Erich Auer, Verena Wengler u. a.

Rolf Hochhuth: »Ärztinnen«
Premiere: 20.11.1982, Akademietheater
Regie: Gerd Böckmann, Rolle: Dr. P. Riemenschild
Mitwirkende: Hilde Krahl, Gertraud Jesserer, Helma Gautier,
Rudolf Melichar, Hannes Siegl, Florentin Groll, Kurt Beck,
Wolfgang Hübsch, Hugo Gottschlich u. a.

Botho Strauß: »Der Park«
Premiere: 2.2.1985, Burgtheater
Regie: Horst Zankl, Rolle: Oberon
Mitwirkende: Sonja Sutter, Sylvia Lukan, Joachim Bissmeier,
Maresa Hörbiger, Wolfgang Hübsch u. a.

August Strindberg: »Die Gespenstersonate«
Premiere: 7.5.1988, Akademietheater
Regie: Cesare Lievi, Rolle: Der Alte
Mitwirkende: Fred Liewehr, Josefin Platt, Christoph Waltz, Hella Ferstl,
Caroline Koczan, Peter Schratt, Bibiane Zeller, Paola Loew u. a.

Anhang

Franz Grillparzer: »König Ottokars Glück und Ende«
Premiere: 26.1.1991, Burgtheater
Regie: Wolfgang Engel, Rolle: Ottokar von Hornek
Mitwirkende: Franz Morak, Peter Fritz, Kitty Speiser, Oda Thormeyer, Therese Affolter, Markus Boysen, Edd Stavjanik, Ulrich Reinthaller u. a.

Brendan Behan: »Die Geisel«
Premiere: 4.2.1995, Burgtheater
Regie: Alfred Kirchner, Rolle: Musjö, Besitzer des Hotels
Mitwirkende: Tamara Metelka, Heinrich Schweiger, Robert Meyer, Heino Ferch, Franz J. Csencsits.

Premieren am Theater in der Josefstadt

Marcelle Maurette: »Anastasia«
Premiere: 3.3.1955
Regie: Werner Kraut, Rolle: Prinz Paul
Mitwirkende: Helene Thimig, Hilde Krahl u. a.

William Inge: »Picnic«
Premiere: 19.4.1955
Regie: Wolfgang Liebeneiner, Rolle: Jeff Carter
Mitwirkende: Adrienne Gessner, Nicole Heesters, Vilma Degischer,
Peter Weck, Guido Wieland, Luzi Neudecker, Elisabeth Markus u. a.

Franz Molnár: »Der Schwan«
Premiere: 12.5.1955
Regie: Hannes Tannert, Rolle: Dr. Hans Agi
Mitwirkende: Adrienne Gessner, Ursula Schult, Peter Weck,
Anton Edthofer, Lotte Lang, Erich Nikowitz u. a.

Hans Schubert: »Die Verlorenen«
Premiere: 9.6.1955
Regie: Werner Kraut, Rolle: James Hephurn, Graf Bothwell
Mitwirkende: Joana Maria Gorvin, Erich Nikowitz, Guido Wieland,
Hans Ziegler, Hermann Glaser, Kurt Jaggberg, Bibiane Zeller u. a.

Karl Schönherr: »Der Weibsteufel«
Premiere: 20.3.1957
Regie: Leonard Steckel, Rolle: Ein junger Grenzgänger
Mitwirkende: Hilde Krahl, Leopold Rudolf u. a.

Anhang

Henry Denker, Ralph Berkey: »Zeitgrenze«
Premiere: 9.4.1957
Regie: Leonard Steckel, Rolle: Major Harry Cargill
Mitwirkende: Hans Jaray, Hintz Fabricius, Helmut Lohner,
Heinz Conrads u. a.

Emmet Lavery: »Die erste Legion«
Premiere: 2.4.1958
Regie: Werner Kraut, Rolle: Pater Mark Ahern S.J.
Mitwirkende: Romuald Pekny, Peter Weihs, Klaus Knuth, Erik Frey,
Klaus Kinski u. a.

Julius Kretschmer: »Justus Alva«
Premiere: 31.5.1958
Regie: Friedrich Kallina, Rolle: Justus Alva
Mitwirkende: Erich Nikowitz, Elisabeth Markus, Karl Fochler u. a.

Paul Willems: »Of und der Mond«
Premiere: 30.1.1959
Regie: Werner Kraut, Rolle: Eric
Mitwirkende: Christl Erber, Heinrich Eis, Hermann Glaser,
Heribert Aichinger u. a.

Franz Molnár: »Panoptikum«
Premiere: 5.3.1959
Regie: Heinrich Schnitzler, Rolle: Robert Thomas
Mitwirkende: Vilma Degischer, Erich Nikowitz, Guido Wieland,
Rudolf Krismanek, Elisabeth Markus, Carl Bosse u. a.

Friedrich Schiller: »Kabale und Liebe«
Premiere: 3.6.1959
Regie: Franz Reichert, Rolle: Ferdinand
Mitwirkende: Nicole Heesters, Erik Frey, Carl Bosse, Lotte Lang,
Georg Bucher, Sigrid Marquardt, Christl Erber u. a.

Premieren am Theater in der Josefstadt

William Shakespeare: »Viel Lärm um nichts«
Premiere: 23.12.1959
Regie: Leonard Steckel, Rolle: Benedikt
Mitwirkende: Elfriede Ott, Susi Nicoletti, Otto Schenk, Carl Bosse, Klaus Löwitsch, Senta Berger, Luzi Neudecker, Erich Nikowitz u. a.

Johann Wolfgang v. Goethe: »Clavigo«
Premiere: 27.1.1960
Regie: Franz Reichert, Rolle: Clavigo
Mitwirkende: Grete Zimmer, Carl Bosse, Kurt Heintel, Günther Tabor u. a.

Arthur Schnitzler: »Der grüne Kakadu«
Premiere: 9.3.1960
Regie: Heinrich Schnitzler, Rolle: Henri
Mitwirkende: Eva Kerbler, Jochen Brockmann, Kurt Jaggberg, Klaus Löwitsch, Grete Zimmer u. a.

Arthur Schnitzler: »Das weite Land«
Premiere: 11.10.1972
Regie: Ernst Haeusserman, Rolle: Friedrich Hofreiter
Mitwirkende: Aglaja Schmid, Harald Harth, Eva Vogel, Brigitte Neumeister, Guido Wieland u. a.

Hermann Bahr: »Das Konzert«
Premiere: 28.9.1977
Regie: Axel von Ambesser, Rolle: Gustav Heink
Mitwirkende: Elfriede Ott, Ernst Anders, Cornelia Köndgen, Marianne Chappuis u. a.

Arthur Schnitzler: »Große Szene«
Premiere: 14.10.1982
Regie: Heinz Marecek, Rolle: Konrad Herbot
Mitwirkende: Marianne Nentwich, Guido Wieland u. a.

Anhang

Eduardo de Filippo: »Filomena Marturano«
Premiere: 9.4.1987
Regie: Klaus-Dieter Kirst, Rolle: Domenico Soriano
Mitwirkende: Elfriede Ott, Alfred Reiterer, Grete Zimmer u. a.

Gundi Ellert: »Elena und Robert«
Premiere: 15.2.1998, Rabenhof
Regie: Rüdiger Hentzschel, Rolle: Robert
Mitwirkende: Erni Mangold, Bernarda Reichmuth u. a.

Filmographie

»Der rote Prinz« 1953
Regie: Hanns Schott-Schöbinger
Rolle: Nebenrolle
Mitwirkende: Inge Egger, Peter Passetti, Richard Häussler, Rolf Wanka, Kurt Heintel u. a.

»Kronprinz Rudolfs letzte Liebe« 1956
Regie: Rudolf Jugert
Rolle: Nebenrolle
Mitwirkende: Rudolf Prack, Lil Dagover, Winnie Markus, Attila Hörbiger, Christiane Hörbiger, Adrienne Gessner, Grete Zimmer, Erik Frey u. a.

»Sissi – Die junge Kaiserin« 1956
Regie: Ernst Marischka
Rolle: Graf Andrassy
Mitwirkende: Romy Schneider, Karlheinz Böhm, Magda Schneider, Gustav Knuth, Vilma Degischer, Senta Wengraf, Josef Meinrad u. a.

»Sissi – Schicksalsjahre einer Kaiserin« 1957
Regie: Ernst Marischka
Rolle: Graf Andrassy
Mitwirkende: Romy Schneider, Karlheinz Böhm, Magda Schneider, Gustav Knuth, Uta Franz, Vilma Degischer, Josef Meinrad, Senta Wengraf u. a.

Anhang

»Hoch klingt der Radetzkymarsch« 1958
Regie: Géza von Bolváry
Rolle: Oberleutnant Stefan Fischbacher, Radetzkys Adjutant
Mitwirkende: Heinz Conrads, Karl Ehmann, Boy Gobert,
Paul Hörbiger, Gustav Knuth, Lotte Lang, Winnie Markus,
Johanna Matz, Susi Nicoletti, Alma Seidler u. a.

»Der Arzt von Stalingrad« 1958
Regie: Géza von Radványi
Rolle: Dr. Sellnow
Mitwirkende: Mario Adorf, Michael Ande, Eva Bartok, Paul Bösiger,
O.E. Hasse, Valéry Inkijinoff, Siegfried Lowitz, Hannes Messemer,
Leonard Steckel, Vera Tschechowa u. a.

»Der Tiger von Eschnapur« 1958
Regie: Fritz Lang
Rolle: Chandra
Mitwirkende: Debra Paget, Paul Hubschmid, Claus Holm,
Luciana Paluzzi, Valéry Inkijinoff, Sabine Bethmann, René Deltgen,
Jochen Brockmann u. a.

»Das indische Grabmal« 1958
Regie: Fritz Lang
Rolle: Chandra
Mitwirkende: Debra Paget, Paul Hubschmid, Claus Holm,
Valéry Inkijinoff, Sabine Bethmann, Angela Portaluri, René Deltgen,
Guido Celano u. a.

»Jacqueline« 1959
Regie: Wolfgang Liebeneiner
Rolle: Paul
Mitwirkende: Johanna von Koczian, Götz George, Hans Söhnker, Eva
Maria Meineke, Gretl Schörg, Alexa von Porembsky, Hort Tappert u. a.

Filmographie

»Maria Stuart« 1959
Regie: Alfred Stöger, Leopold Lindtberg
Rolle: Mortimer
Mitwirkende: Judith Holzmeister, Liselotte Schreiner, Albin Skoda,
Fred Liewehr, Vera Balser-Eberle, Heinz Moog, Otto Kerry u. a.

»Gustav Adolfs Page« 1960
Regie: Rolf Hansen
Rolle: Roland, Kaufmann
Mitwirkende: Lieselotte Pulver, Curd Jürgens, Ellen Schwiers,
Lina Carstens, Vera Complojer, Gabriele Reismüller,
Axel von Ambesser, Fred Liewehr, Eddi Arent u. a.

»Don Carlos« 1960
Regie: Alfred Stöger
Rolle: Don Carlos
Mitwirkende: Ewald Balser, Aglaja Schmid, Fred Liewehr,
Judith Holzmeister, Stefan Skodler, Vera Balser-Eberle u. a.

»Jedermann« 1961
Regie: Gottfried Reinhardt
Rolle: Jedermann
Mitwirkende: Ewald Balser, Paula Wessely, Kurt Heintel,
Ellen Schwiers, Sonja Sutter, Alma Seidler, Wolfgang Gasser,
Viktor Braun, Helmut Janatsch u. a.

»Urfaust« 1961
Regie: Theodor Grädler
Rolle: Faust
Mitwirkende: Boy Gobert, Marie Raine, Albin Skoda, Achim Benning,
Günther Haenel u. a.

Anhang

»L'Oeuil du Malin« 1962
»Das Auge des Bösen«
Regie: Claude Chabrol
Rolle: Andreas Hartmann
Mitwirkende: Stéphane Audran, Daniel Boulanger, Jacques Charrier, Michael Münzer u. a.

»Lumpazivagabundus« 1962
Regie: Leopold Lindtberg
Rolle: Leim
Mitwirkende: Attila Hörbiger, Helmon Gautier, Sonja Sutter, Hans Unterkirchner u. a.

»Romanze in Venedig« 1962
Regie: Eduard von Borsody
Rolle: Stefan Schröder, Pianist
Mitwirkende: Ann Smyrner, Willy Birgel, Annie Rosar, Jane Tilden, Erwin Strahl, Egon von Jordan u. a.

»Ferien vom Ich« 1963
Regie: Hans Grimm
Rolle: Frank A. Stevenson
Mitwirkende: Geneviève Cluny, Monika Dahlberg, Hans Holt, Grethe Weiser, Peter Vogel, Paul Hörbiger, Thomas Margulies, Elisabeth Flickenschildt u. a.

»König Ottokars Glück und Ende« 1966
Regie: Kurt Meisel
Rolle: König Ottokar von Böhmen
Mitwirkende: Erika Pluhar, Eva Zilcher, Wolfgang Gasser, Fred Liewehr, Josef Krastel u. a.

»Die Geschichte der 1002. Nacht« 1969
Regie: Peter Beauvais
Rolle: Baron Tattinger
Mitwirkende: Johanna Matz, Helmut Qualtinger u. a.

Filmographie

»Das Leben beginnt morgen – Das weite Land« 1970
Regie: Peter Beauvais
Rolle: Doktor Mauer
Mitwirkende: O. W. Fischer, André Heller, Michael Heltau,
Nina Sandt, Ruth Leuwerik, Sabine Sinjen, Greta Zimmer

»Die heilige Johanna« 1971
Regie: Franz Josef Wild
Rolle: Graf Warwick
Mitwirkende: Maresa Hörbiger, Peter Vogel, Helmut Qualtinger,
Gustav Knuth, Albert Lieven, Ernst Fritz Fürbringer, Herwig Seeböck
u. a.

»Das Konzert« 1975
Regie: Dietrich Haugk
Rolle: Nebenrolle
Mitwirkende: Klaus Maria Brandauer, Hugo Gottschlich,
Beatrice Richter, Maria Schell u. a.

»Alle Jahre wieder: Die Familie Semmeling« TV-Serie, 1976
Regie: Dieter Wedel
Rolle: Grädik
Mitwirkende: Walter Sedlmayr, Werner Asam, Giulio Marchetti u. a.

»Brennendes Geheimnis« 1977
Regie: Wilm ten Haaf
Rolle: Ehemann
Mitwirkende: Christiane Hörbiger, Nora Minor, Thomas Ohrner u. a.

»Cella oder die Überwinder« 1978
Regie: Eberhard Itzenblitz
Rolle: Onkel Nagy
Mitwirkende: Bruno Dallansky, Lotte Ledl, Christine Csar, Harry Fuß,
Erik Frey, Guido Wieland, Eric Pohlmann, Heinz Moog,
Grete Zimmer u. a.

Anhang

»Vor Gericht seh'n wir uns wieder« TV-Serie, 1978
Regie: Peter Weck, Herbert Rosendorfer
Mitwirkende: Walther Reyer, Hans Holt, Heinz Reincke, Otto Schenk,
Kurt Sowinetz, Bibiane Zeller u. a.

»The Amateur« 1982
Regie: Charles Jarrott
Rolle: Chancellor
Mitwirkende: John Savage, Christopher Plummer, Marthe Keller,
Arthur Hill, Nicholas Campbell, George Coe, John Marley,
Jan Rubes u. a.

»Mozart« 1982; 5 Teile
Regie: Marcel Bluwal
Rolle: Wetzlar (in Folgen 3 und 4)
Mitwirkende: Christoph Pantzer, Madeleine Robinson,
Dietlinde Turban, Jean Claude Jay, Constanze Engelbrecht u. a.

»Ärztinnen« 1983
Regie: Horst Seemann
Rolle: Doktor Riemenschild
Mitwirkende: Michael Gwisdek, John Harryson, Rolf Hoppe,
Daniel Jacob, Inge Keller, Judy Winter u. a.

»Wiener Klatsch« 1983
aus: »Szenen aus dem Theaterleben«
Regie: Georg Madeja
Mitwirkende: Walther Reyer, Elisabeth Orth, Fritz Muliar, Paola Loew
u. a.

»Der Bergdoktor« TV-Serie, 1993
Regie: Celino Bleiweiß, Thomas Jacob
Rolle: Dr. Pankraz Obermeier
Mitwirkende: Harald Krassnitzer, Janina Hartwig, Hermann Giefer,
Enzi Fuchs u. a.

Filmographie

»Der Brandner Kaspar oder Das ewige Leben« 1995
Regie: Heinz Marecek, Georg Madeja
Rolle: Der heilige Portner
Mitwirkende: Wolfgang Hübsch, Susanne Reiter, Benedikt Mörl u. a.

»Das Geständnis« 1995
Regie: Kitty Kino
Rolle: Primarius Paul Feldmann
Mitwirkende: Clemens Reyer, Ingrid Burkhard, Krista Posch, Sebastian Baur, Mirijam Ploteny, Mara Mastalir, Christine Buchegger, Otto Tausig, Gerhard Rühmkorff u. a.

»Schloßhotel Orth« TV-Serie, 1996
Titel: »Das Oldtimertreffen«
Regie: Hermann Leitner
Rolle: Bischof Munz (Gastrolle)
Mitwirkende: Klaus Wildbolz, Nicole R. Beutler, Andrea Lamatsch, Mischa Fernbach u. a.

»Die Schuld der Liebe« 1997
Regie: Andreas Gruber
Rolle: Prälat Sippel
Mitwirkende: Carl Achleitner, Sandrine Bonnaire, Rainer Egger, Wolfgang Hübsch, Elfriede Irrall, Gertraud Jesserer u. a.

Auszeichnungen

Walther Reyer war ...

Besitzer des Ehrenzeichens für Wissenschaft und Kunst 1. Klasse
Besitzer des Goldenen Ehrenzeichens des Landes Steiermark
Besitzer des Ehrenzeichens des Landes Tirol
Inhaber der Ehrenmedaille der Bundeshauptstadt Wien in Gold
Träger des Verdienstzeichens der Stadt Innsbruck
Träger des Grillparzer-Ringes

Bildnachweis

S. 13:	© Privatarchiv
S. 15:	© Werner Nosko
S. 19:	© Privatarchiv
S. 21:	© Sepp Dreissinger
S. 25:	© Privatarchiv
S. 30:	© Privatarchiv
S. 31:	© Privatarchiv
S. 33:	© Privatarchiv
S. 38:	© Privatarchiv
S. 39:	© Photo-Atelier B. u. E. Ketzler
S. 41:	© Privatarchiv
S. 42:	© Privatarchiv
S. 44:	© Privatarchiv
S. 52:	© Privatarchiv
S. 55:	© Joe Niczky
S. 59:	© C. M. Heurteur Foto-Bildnisse
S. 65:	© Ernst Hausknost
S. 71:	© Bildarchiv der Österreichischen Nationalbibliothek
S. 73:	© Marialiese Wunderler-Zuth
S. 75:	© Bildarchiv der ÖNB
S. 77:	© Rudolf Pittner
S. 79:	© Bildarchiv der ÖNB
S. 85:	© Bildarchiv der ÖNB
S. 87:	© Burgtheater/Elisabeth Hausmann
S. 89:	© Privatarchiv
S. 93:	© Bildarchiv der ÖNB/Völkel
S. 95:	© Ernst Hausknost
S. 98:	© Burgtheater/Elisabeth Hausmann
S. 105:	© Privatarchiv

Es fügte sich so …

S. 109:	© Photo Ellinger
S. 112:	© Photo Ellinger
S. 115:	© Privatarchiv
S. 117:	© Photo Ellinger
S. 118:	© Photo Ellinger
S. 121:	© Photo Ellinger
S. 124:	© Andreas Koller
S. 127:	© Bildarchiv der ÖNB
S. 128:	© Privatarchiv
S. 130:	© Bildarchiv der ÖNB
S. 133:	© Burgtheater
S. 136:	© Bildarchiv der ÖNB
S. 138:	© Ernst Hausknost
S. 142:	© Petro Domenigg
S. 147:	© Contrast
S. 150:	© Photo Ellinger
S. 152:	© Contrast
S. 156:	© Szenenfoto aus: »Sissi. Schicksalsjahre einer Kaiserin«
S. 157:	© Szenenfoto aus: »Hoch klingt der Radetzkymarsch«
S. 158:	© Szenenfoto aus: »Der Arzt von Stalingrad«
S. 161:	© CCC/Gloria Film/Grimm
S. 162:	© Szenenfoto aus: »Das Auge des Bösen«
S. 163:	© Szenenfoto aus: »Romanze in Venedig«
S. 166:	© ORF/Milenko Badzic
S. 168:	© SAT.1
S. 171:	© Privatarchiv
S. 175:	© Daniela Klemencic
S. 181:	© Privatarchiv
S. 187:	© Privatarchiv
S. 189:	© Privatarchiv
S. 195:	© Privatarchiv
S. 199:	© Privatarchiv
S. 203:	© Privatarchiv
S. 209:	© Privatarchiv
S. 217:	© Sepp Dreissinger

© 2000 Franz Deuticke Verlagsgesellschaft m. b. H., Wien–München
Alle Rechte vorbehalten.
www.deuticke.at

Fotomechanische Wiedergabe bzw. Vervielfältigung, Abdruck,
Verbreitung durch Funk, Film oder Fernsehen sowie Speicherung
auf Ton- oder Datenträger, auch auszugsweise,
nur mit Genehmigung des Verlags.
Umschlaggestaltung: Robert Hollinger
Umschlagfoto: © Hilde Zemann
Lektorat: Eva Henle, books in prog•ress
Druck: MANZsche Buchdruckerei Stein & Co., Wien
Printed in Austria
ISBN 3-216-30522-8